Mark Terkessidis

Migranten

ROTBUCH 3000

Inhalt

Was sind Migranten?
6 Von »Ausländern« und Einwanderern

Kleine Geschichte der Einwanderung nach Deutschland
10 Über 100 Jahre Einwanderung
16 Der Weg nach Deutschland: Anwerbezentren, Bahnhöfe und Lager
22 Die Jahre der Ansiedlung
30 Asylhysterie, rechte Gewalt und »neue Gastarbeit«

Die wirtschaftliche Situation der Migranten
38 Auf dem »Jedermannsarbeitsmarkt«
42 Ein wenig Statistik
46 Arbeitslosigkeit und Selbständigkeit
50 Die »zweite Generation«

Ein Recht für Deutsche, ein Gesetz für »Ausländer«
56 Die deutsche Abstammungsgemeinschaft
60 Die Belange der Bundesrepublik Deutschland
66 Zaghafte Reformen
70 Unsichtbar, doch immer unter Beobachtung

Die informellen Grenzposten der Kultur

74 Fremdheitstheater und Kulturerfindung
80 Schöner, neuer Multikulturalismus
84 Die Grenzen der Toleranz
88 Literatur und Filme von Migranten

Resümee

92 Immer noch auf dem Bahnhof?

Anhang

94 Literatur
95 Adressen

Von »Ausländern« und Einwanderern

In verschiedenen Staaten gibt es verschiedene Ausdrücke für Einwanderer und ihre Nachkommen. Die jeweiligen Redensarten sind nicht zufällig: In ihnen spiegelt sich die gesamte Umgangsweise einer Nation mit Migration und Migranten.

Was sind Migranten?

Im Fremdwörterbuch des Duden wird der Begriff Migration erklärt als »Wanderung von Individuen oder Gruppen im sozialen oder geographischen Raum«. Insofern ist »Migranten« eine neutrale Bezeichnung für »Wanderer« – für Menschen, die aus vielen verschiedenen Motiven ihr Geburtsland verlassen haben und in einem anderen Land leben. Damit können Mitarbeiter von Firmen, die in einer ausländischen Niederlassung arbeiten, ebenso gemeint sein wie Flüchtlinge auf der Suche nach Schutz vor Verfolgung und Unterdrückung. In den meisten Fällen bezieht sich der Terminus jedoch auf Personen, die durch organisierte Arbeitsmigration nach dem Zweiten Weltkrieg den Ort wechselten – die Rede ist von so genannten Gastarbeitern. Mittlerweile wird der Begriff auch verwendet, wenn von deren Nachkommen gesprochen wird.

Was ist ein »Ausländer«?

Momentan leben in der Bundesrepublik Deutschland laut Angaben des »Ausländerzentralregisters« etwa 7,5 Millionen Menschen ohne deutsche Staatsbürgerschaft. Mit einer Quote von etwa neun Prozent »Ausländern« im Bundesgebiet liegt Deutschland im europäischen Vergleich weit vorne. Allerdings ist diese Zahl in erster Linie selbst produziert. Die deutsche Staatsbürgerschaftspolitik hat dafür gesorgt, dass selbst hierzulande gebo-

Frankfurter Hauptbahnhof, 2000

rene Menschen mit Migrationshintergrund keinen deutschen Pass bekommen konnten. Mittlerweile existiert daher bereits eine »dritte Generation« von »Ausländern«. Darüber hinaus werden bei der Ermittlung dieser Quote auch Flüchtlinge zu den »Ausländern« gezählt; sie machen beachtliche 20 Prozent der 7,5 Millionen aus. Doch unterscheidet sich deren Status ganz immens von jenen Einwanderern und ihren Nachkommen, die seit den späten fünfziger Jahren als so genannte »Gastarbeiter« in die Bundesrepublik gekommen sind.

Der französische Publizist Emmanuel Todd schrieb kürzlich angesichts eines Vergleiches zwischen den Einwanderungspolitiken in vier großen westlichen Nationen, dass man »hypothetisch von einem Prinzip der Allmacht des Einwanderungslandes ausgehen« müsse. Jeder Staat institutionalisiert Einwanderer durch gesetzliche Regelungen auf eine ganz bestimmte Weise. Diese Art des Umgangs mit Migranten hat Auswirkungen auf den Sprachgebrauch auch im Alltag. Insofern ist es angesichts der deutschen Situation nicht verwunderlich, dass weiter von »Ausländern« oder »Fremden« gesprochen wird.

»Was dachte man über uns Menschen des Übergangs? (...) Zugvögel, die zu unbekannt waren, als dass ihre Klassifizierung sich lohnte, die zu still waren für die, die jedem laut berichteten, die von Natur aus für die verschwommensten Worte zu verschwommen und den Zentren historischer Entscheidungen zu fern waren, als dass sie historische Dokumente unterzeichnen oder ihren Unterzeichnern Beifall spenden konnten.«

Ralph Ellison: Der unsichtbare Mann. Reinbek bei Hamburg 1958

Andere Länder, andere Begriffe

In anderen Staaten werden entsprechend andere Begriffe verwendet. In Frankreich stützt man sich bei der Institu-

»In Europa ist der Migrationsbegriff immer noch von den Millionen Emigranten geprägt, die den Kontinent verlassen haben. Welche Rolle aber hat die Arbeitsmigration in der europäischen Geschichte der letzten beiden Jahrhunderte gespielt? Die westeuropäischen Staaten beteuern unablässig, sie seien keine Einwanderungsländer, Immigration hätte erst in den sechziger Jahren begonnen und sei eine einmalige Sondermaßnahme aufgrund der massiven Zerstörungen des Krieges und der Notwendigkeit des Wiederaufbaus gewesen. Doch die historische Realität weicht sehr von dieser Behauptung ab.«

Saskia Sassen: Migranten, Siedler, Flüchtlinge. Von der Massenauswanderung zur Festung Europa. Frankfurt/M. 1996

tionalisierung von Einwanderern auf die republikanische Tradition. Der Akt der Einbürgerung ist unter bestimmten Voraussetzungen vergleichsweise unkompliziert. Allerdings geht dies mit dem erzieherischen Bemühen einher, aus den Einwanderern und ihren Nachkommen Franzosen zu »machen« und die Ethnizität ins Private zu verbannen. Daher ist der Assimilationsdruck relativ hoch. Schließlich kommen Franzosen ausländischer Herkunft in der Statistik überhaupt nicht mehr vor, und wenn der Migrationshintergrund überhaupt eine Rolle spielt, dann spricht man von »immigrés« oder von den »jeunes issus de l'immigration« – wörtlich übersetzt: den Jugendlichen, die aus der Einwanderung stammen.

In den Niederlanden und Großbritannien findet man wiederum ein anderes Modell. Beide Staaten hatten ursprünglich den Bewohnern ihrer ehemaligen Kolonien großzügig Zugang zur Staatsbürgerschaft eingeräumt. Doch mit Beginn der Massenmigration in den siebziger Jahren wurde dieser Zugang mehr und mehr erschwert. Nichtsdestotrotz konnte man auch danach bei legalem Aufenthalt relativ schnell eingebürgert werden. Im Gegensatz zu Frankreich spielte die Ethnizität jedoch in beiden Ländern auch offiziell eine Rolle. Gleichstellungs-, Antidiskriminierungs- und Integrationspolitiken adressierten immer bestimmte Gruppen. In den Niederlanden konzentrierte man sich dabei auf »ethnische minderheden«, während es in Großbritannien, wo die Hautfarbe von vornherein eine immense Rolle spielte, um so genannte »race relations« ging.

Insofern werden im niederländischen und britischen Zensus auch Daten über ethnische Herkunft bzw. »rassische« Zugehörigkeit erhoben: In Großbritannien etwa existieren die Kategorien »Black«, »Asian« (womit gewöhnlich die Herkunft vom indischen Subkontinent gemeint ist) und »Chinese and Other«. Im Alltag werden Personen mit Migrationshintergrund daher als Mitglieder einer ethnischen Gruppe gesehen, wobei dies jedoch – anders als in Deutschland – keinerlei Aussage über ihren rechtlichen Status beinhaltet. In den Niederlanden spricht man zudem generell von »autochthonen« und »allochthonen« Bürgern – was soviel heißt wie »eingeboren« und »woanders herkommend«.

Eingebildete Fremdheit

Die Sprachregelungen in den verschiedenen Staaten reflektieren also den jeweiligen Umgang mit Migranten. Zweifelsohne wurde in allen europäischen Einwanderungsgesellschaften lange Zeit die Vorstellung aufrechterhalten, dass der größte Teil der im Ausland angeworbenen »Gastarbeiter« irgendwann in die Heimat zurückkehren würde. Doch allein die Bundesrepublik tut sich weiterhin mit der Tatsache schwer, dass sich viele dieser »Gäste« auf Dauer niedergelassen haben. »Ausländer« ist daher sicher ein juristischer, aber mittlerweile vor allem ein ideologischer Begriff. Denn die Bezeichnung macht Einwanderer »fremder«, als sie eigentlich sind. In Deutschland musste sich selbst Ignatz Bubis, der verstorbene Vorsitzende des Zentralrates der Juden, noch kurz vor der Jahrtausendwende von der Frankfurter Oberbürgermeisterin zum Friedensprozess in *seinem* Land gratulieren lassen – damit meinte sie Israel.

Deswegen handelt dieses Büchlein von Migranten – eingedenk der Tatsache, dass auch dieser Begriff mit Problemen beladen ist. Denn Menschen nichtdeutscher Herkunft sind nicht alle selbst noch »gewandert«. Tatsächlich verweist die Notwendigkeit, eine passable Bezeichnung zu finden, vor allem darauf, dass es Unterschiede innerhalb der Bevölkerungen von Nationalstaaten gibt – Unterschiede, die zumeist auf vielfältige Weise mit Ungerechtigkeiten gekoppelt sind. Unterschiede, über die man daher leider reden muss.

»Die Deutschen haben, was die Verantwortung für hier lebende Ausländer angeht, sehr viel getan – wenn ich jetzt einmal von verbrecherischen Sachen absehe. 60 Prozent aller Integrationslasten, die Immigranten nach Europa verursachen, werden von Deutschland getragen. Es gibt kein Land der Welt, das die Menschen, die kommen, so versorgt, wie wir das tun. Und jetzt sage ich ihnen, was mich ärgert: dass sie so tun, als wäre das nicht der Fall. Wir sind großzügiger mit Zuwanderern – es mag die eine oder andere Ausnahme geben – als fast alle anderen Länder dieser Welt.«

Bundeskanzler Gerhard Schröder auf einer Veranstaltung in Berlin am 23.7.1998. *Jungle World* vom 29.7.1998

Der in Deutschland verwendete Begriff »Ausländer« entspricht nicht mehr der realen Situation und ist mittlerweile in erster Linie ideologisch. Allerdings ist kein Ausdruck wirklich angemessen. Eine weitgehend neutrale Bezeichnung ist Migranten.

Über 100 Jahre Einwanderung

Einwanderung nach Deutschland gibt es, seit der deutsche Staat existiert. Die Ziele der Ausländerbeschäftigung und die Debatten rund um das Thema haben sich seit 100 Jahren wenig verändert.

Zwischen Anwerbung und Ablehnung

Arbeitsmigration hat es in Deutschland nicht nur in der Nachkriegsperiode gegeben, sondern seitdem der deutsche Nationalstaat existiert. Bereits in den achtziger und neunziger Jahren des 19. Jahrhunderts arbeiteten Migranten in jenen zwei Bereichen, in denen sich auch heute noch ihre Tätigkeiten konzentrieren. Zum einen arbeiteten Saisonarbeiter vor allem aus Polen in der Landwirtschaft im Osten. Zum anderen fand man Migranten in der Industrie, hier vor allem im Bergbau, in Hüttenbetrieben, im Baugewerbe und bei der Ziegelherstellung.

Die Beschäftigung der Migranten wurde in jeder Beziehung von den deutschen Arbeitgebern ausgelöst. Da die deutsche Arbeiterbewegung bereits damals bestimmte Standards durchgesetzt hatte, diente der Import von Arbeitskräften als Ausweichmanöver: Den gewöhnlich saisonal beschäftigten, zumeist ungelernten Ausländern konnte man längere Arbeitszeiten und niedrigere Löhne zumuten. Zudem wurden sie aufgrund ihrer mangelnden Bindungen von den Unternehmen oft als Streikbrecher benutzt. Die deutschen Industriellen sahen in den ausländischen Arbeitern zu Beginn des 20. Jahrhunderts bereits ein Steuerungselement für den Arbeitsmarkt: In der Hochkonjunktur wurden sie vermehrt beschäftigt, während sie in den Zeiten der Krise durch schnelle Entlassung (und später dann auch Ausweisung) die deutschen Arbeitskräfte gegen das Risiko der Arbeitslosigkeit »abpufferten«.

»Um dem Mangel an landwirtschaftlichen Arbeitskräften abzuhelfen, gingen seit den frühen achtziger Jahren viele ostdeutsche Gutsbesitzer dazu über, Arbeitskräfte aus den von Russland und Österreich okkupierten Teilen des ehemaligen Polen anzuwerben und auf ihren Gütern zu beschäftigen.«

Ulrich Herbert: Geschichte der Ausländerbeschäftigung in Deutschland 1880 bis 1980. Bonn 1986

Auf der anderen Seite entwickelte sich schnell eine

Polnische Saisonarbeiter vor einem Berliner Bahnhof, ca. 1907

nationalistische Gegenreaktion auf die Anwesenheit der Migranten. Schon damals sprachen rechte Kreise von der drohenden »Überfremdung«. Aus dem Kaiserreich stammt auch die Parole »Deutschland den Deutschen«. Das gesamte Anwerbesystem war noch weitgehend ungeregelt, und so entwickelte sich in der Öffentlichkeit eine Abneigung gegen so genannte Schlepper. Der Staat sah sich eingezwängt zwischen dem Druck der Industrie und der Abwehrhaltung der nationalistischen Kreise, die bis weit in den rechten Rand der Sozialdemokraten auf Resonanz stießen.

Es war die preußische Verwaltung, die angesichts dieses Zwiespaltes ein Regelwerk entwickelte, das beiden Ansprüchen gerecht zu werden versuchte. 1890 wurde die »Karenzzeit« eingeführt, die sicherstellen sollte, dass die Arbeitskräfte nach der Arbeitssaison das Land wieder verließen. Dazu kam 1908 ein »Inlandslegitimierungszwang«, der mehr und mehr ausgeweitet und verallgemeinert wurde. Dabei handelte es sich, wie der Historiker Ulrich Herbert schreibt, um ein »sonderrechtliches Regulations- und Kontrollsystem«: Arbeiterzentrale und

Polizei gaben Legitimationskarten aus, deren Inhaber registriert wurden. So schufen die Behörden ein System der institutionellen Diskriminierung, das die Staatsbürgerschaft als Überwachungsinstrument nutzte, während es gleichzeitig dafür sorgte, dass der niedrigere soziale Status der Migranten festgeschrieben wurde.

»Gastarbeit« und Zwangsarbeit

Schon im ersten Jahrzehnt des 20. Jahrhunderts waren etwa eine Million ausländische Arbeiter in Deutschland beschäftigt – das waren etwa 3,5 Prozent der Erwerbstätigen insgesamt. Während des Ersten Weltkriegs verwandelte sich die »Gastarbeit« zunehmend in Zwangsarbeit. Bereits im ersten Kriegsjahr wurde aus dem Gebot der Rückkehr ein Verbot – das Reich benötigte Arbeiter. Ebenso verwischten sich die Grenzen zwischen freiwilligen Verträgen und der Deportation. 1918 befanden sich schließlich fast zwei Millionen ausländische Arbeiter auf dem Reichsgebiet. Zweifelsohne stand dieses System der Zwangsarbeit in der Tradition der Ausländerbeschäftigung. Allerdings »zahlte« sich die Zwangsarbeit für die Industrie nicht »aus«: Der sicherheitspolitische Aufwand war einfach zu groß.

Bei Kriegsende wurde das Ausreiseverbot wieder in einen Zwang zur Rückkehr umgeändert. Während die Einheimischen vom Kriegseinsatz heimkehrten, verließen bis 1924 etwa 90 Prozent der Migranten das Land. Doch gerade in Bezug auf die ostdeutsche Landwirtschaft entwickelte sich bald eine neue Diskussion, die ebenfalls von heute aus gesehen bekannt erscheint. Die landwirtschaftli-

Kriegsgefangene in deutschem Gewahrsam 1914 bis 1918

Franzosen	535.411
Belgier	46.019
Engländer	185.329
Russen	1.434.529
Rumänen	147.986
Italiener	133.287
Serben	28.746
Sonstige	9.676
Insgesamt	2.520.983

Von den 1.625.000 im August 1916 in deutschem Gewahrsam befindlichen Gefangenen waren eingesetzt:

In der Landwirtschaft	735.000	(45 %)
In der Industrie	331.000	(20 %)
Bei gemeinnützigen Arbeiten	39.000	(2 %)
Zusammen	1.105.000	
In den Etappengebieten	253.000	(16 %)
Im Lagerdienst	91.000	(6 %)
Nicht eingesetzt	176.000	(11 %)

Tabelle in: Ulrich Herbert: Geschichte der Ausländerbeschäftigung in Deutschland 1880 bis 1980. Bonn 1986 chen Unternehmer bestanden auf der Beschäftigung von polnischen Saisonarbeitern; einheimische Arbeitskräfte waren ihnen unter den gegebenen (schlechten) Bedingungen nicht motiviert genug. Gleichzeitig gelang es den nationalistischen Kreisen nach dem Krieg, die Einwanderung zu einem der beherrschenden innenpolitischen Themen zu machen. Dabei ging es insbesondere um die so genannten »Ostjuden«. Obwohl ihre Anzahl nur etwa 70 000 betrug, konnten sie mit großem Erfolg als Gefahr für das deutsche »Leben und Treiben« dargestellt werden.

Vorrang für Inländer

Während der Weimarer Periode fand in erster Linie eine umfassende Zentralisierung und Regelung der Ausländerbeschäftigung statt. Dabei konnte sich die deutsche Arbeiterbewegung mit einigen ihrer zentralen Forderungen durchsetzen. Zwar gelang es ihr, die tarifliche Gleichstellung der ausländischen Arbeiter zu vereinbaren und deren Aufenthaltssituation rechtlich einigermaßen abzusichern, doch auf der anderen Seite wurde die Beschäftigung von Migranten ausschließlich von der wirtschaftlichen Situation in Deutschland und somit von der Lage der deutschen Arbeiter abhängig gemacht. Insofern hatten Migranten in den zwanziger Jahren lediglich Zugang zur Landwirtschaft und kaum zur Industrie. 1920 wurden alle Regulierungskompetenzen beim neu gegründeten Reichsamt für Arbeitsvermittlung konzentriert, 1927 dann bei der Reichsanstalt für Arbeitsvermittlung und Arbeitslosenversicherung.

»Neu aber war vor allem«, schreibt Ulrich Herbert über die Weimarer Zeit, »dass der Vorrang der einheimischen vor den ausländischen Arbeitern jetzt gesetzlich festgeschrieben war – der ›Inländerprimat‹ ist seitdem eine der Grundlagen deutscher Ausländerpolitik bis in die Gegenwart hinein.« Tatsächlich wurde in der Weimarer Republik der Grundstein für die Ausländerpolitik der Bundesrepublik gelegt. So erließ die Regierung Schleicher 1933 eine »Verordnung über ausländische Arbeitnehmer«, die in den fünfziger Jahren ganz einfach wieder

»Nach reiflicher Überlegung hat das Demobilmachungsamt, nachdem sich sämtliche wirtschaftlichen Organisationen in derselben Richtung entschieden hatten, entschlossen, die etwa 50 000 polnischen Landarbeiter hereinzulassen. Denn wenn man sie (...) aus dem Wirtschaftsleben gerade in dieser brennenden Zeit ausschaltet, so ändert man die ganze Struktur der Landwirtschaft. Auch würde man die doppelte Zahl der inländischen Arbeiter nötig haben. Die polnische Frage ist eben, so meinte auch der Vertreter des Demobilmachungsamts, lediglich eine Hackfruchtfrage.«
Der Berichterstatter, Schiele, vor der Nationalversammlung, 10.3.1919

In: Ulrich Herbert: Geschichte der Ausländerbeschäftigung in Deutschland 1880 bis 1980. Bonn 1986 eingesetzt wurde. Ebenso verhält es sich mit jener »Ausländerpolizei-Verordnung«, welche die Nationalsozialisten 1938 einführten.

Die Vorgeschichte der Masseneinwanderung

Bis 1939 setzten die Nazis im Großen und Ganzen den Kurs der Weimarer Republik fort. Doch mit den Kriegsplanungen wurde erneut über die Zwangsarbeit nachgedacht – man wertete dazu sogar die Erfahrungen des Ersten Weltkriegs aus. Während des Krieges schließlich etablierten die Nazis ein gigantisches System der erzwungenen »Fremdarbeit«. 1944 arbeiteten fast acht Millionen Ausländer im Reich – in der Landwirtschaft war jeder zweite Beschäftigte kein Deutscher. Dabei setzten die Nazis eine strenge »rassische« Hierarchie bei den »Fremdarbeitern« durch: Ganz oben standen die Franzosen, ganz unten Polen und Russen. Dabei wäre es Unsinn, im Zwangsarbeitssystem der Nazis entweder nur eine »fatale Kontinuität« (Johann Woydt) oder ausschließlich eine »historische Ausnahmesituation« (Klaus J. Bade) zu sehen: Zweifelsohne gibt es Verbindungen zur Vorkriegssituation, doch das Ausmaß, die unverhohlen »rassische« Ausrichtung und der offensichtliche Zwang unterscheiden sich deutlich.

Europa arbeitet in Deutschland, ca. 1942

Die hier geschilderte deutsche Migrationspolitik ist insofern die Vorgeschichte der Massenmigration, als sie sich von anderen Wanderungsbewegungen vor allem im 19. Jahrhundert unterscheidet – etwa von der europäischen Migration in die Vereinigten Staaten. Denn dort schafften die Einwanderer gewöhnlich den sozialen Aufstieg, der ab einem gewissen Zeitpunkt für ihre Integration sorgte. Die einzige »fremde« Gruppe jedoch, der es in Deutschland gelang, zum unhinterfragten Bestandteil der Gesellschaft zu werden, waren die so genannten Ruhrpolen zu Beginn des Jahrhunderts.

Dabei hatten die »Ruhrpolen« zwei grundsätzliche Vorteile: Sie waren bereits deutsche Staatsbürger, und sie arbeiteten vornehmlich in einem expandierenden Industriezweig. Zudem ging ihre Eingliederung einher mit einer strikten staatlichen Unterdrückung des polnischen kulturellen Erbes. Das neue an den meisten Wanderungen des 20. Jahrhunderts ist dagegen das Phänomen der »Unterschichtung« – Migranten erhalten nur Zugang zu ganz bestimmten, unsicheren Teilbereichen des Arbeitsmarktes. Und das Besondere an Deutschland ist, das wird sich in der Folge noch zeigen, wie der Staat diese Benachteiligung gesetzlich regelt und unterstützt.

»Der Name Gastarbeiter ist trotz aller Erklärungen über die Notwendigkeit der Ausländerbeschäftigung mit Schmutz, Brutalität, Antipathie etc. verbunden. Trotz der im Begriff Gastarbeiter versteckten Verschönerungsabsichten bekam dieser Name die Bedeutung all dessen, was ablehnbar ist und mit Menschen zweiter Kategorie zusammenhängt.«

Marios Nilolinakos: Politische Ökonomie der Gastarbeiterfrage. Reinbek 1973

Während die deutsche Industrie die Einwanderung wünschte, gab es von Beginn an nationalistische Gegenreaktionen. Die strenge Regelung der Einwanderung durch den Staat war ein Kompromiss. Dabei wurden den ausländischen Arbeitern kaum Rechte zugestanden.

Der Weg nach Deutschland: Anwerbezentren, Bahnhöfe und Lager

1955 wurde das erste Anwerbeabkommen mit Italien geschlossen. Aufgrund der großen Zahl von Ostflüchtlingen begann die Masseneinwanderung von Arbeitern aus den südeuropäischen Ländern jedoch erst Mitte der sechziger Jahre.

Bevölkerungsverschiebungen

Viele der »Fremdarbeiter« des »Dritten Reiches« waren in Barackenlagern untergebracht. Sofort nach dem Krieg verließen selbstverständlich die meisten diese wenig ansprechenden Unterkünfte, um sofort in die Länder ihrer Herkunft zurückzukehren. Doch manches Lager füllte sich fast augenblicklich wieder – zunächst mit »displaced persons« (Ausländer, die sich bei Kriegsende in Deutschland aufhielten), etwas später mit den Ostvertriebenen. Schließlich zogen Mitte der fünfziger Jahre die ersten jungen italienischen Männer in jene nun »Gastarbeiterlager« genannten Behausungen. Die Bevölkerungsverschiebungen in der Bundesrepublik Deutschland hatten eine riesige Dimension: Fast acht Millionen »Fremdarbeiter« zogen fort, während die Bundesrepublik gleichzeitig etwa 12 Millionen Flüchtlinge aus dem Osten aufnahm.

»Die gewaltige Zahl der Flüchtlinge, Vertriebenen und der Rückkehrer aus den Kolonien bildete nach dem Zweiten Weltkrieg bis in die fünfziger Jahre hinein ein dringend benötigtes zusätzliches Arbeitskräftereservoir für die im Wiederaufbau befindliche europäische Wirtschaft.«

Saskia Sassen: Migranten, Siedler, Flüchtlinge. Von der Massenauswanderung zur Festung Europa. Frankfurt/M. 1996

Angesichts dieser Zahlen ist es schon erstaunlich, wie wenig die »Fremdarbeiter« in der kollektiven Erinnerung der Deutschen präsent geblieben sind. Trotz zahlreicher Regelungen, die es verhindern sollten, dass Einheimische und Zwangsarbeiter sich näher kamen, lebte man teilweise dennoch auf engstem Raum zusammen und pflegte oftmals regen Umgang. Tatsächlich scheint die Anwesenheit der Zwangsarbeiter erst in den letzten Jahren – vor allem durch Entschädigungsprozesse –

wieder zurück ins Bewusstsein der Öffentlichkeit zu gelangen. Angesichts der immensen Zahl der »Fremden«, die sich bereits in den vierziger Jahren in Deutschland aufhielten, nimmt sich mancher spätere Disput über »Toleranzschwellen« absurd aus.

Ankunft München Hauptbahnhof, 1963

Die Anwerbeverträge

Während der Prozess der Massenmigration aus der Peripherie in anderen europäischen Staaten wie Großbritannien oder Frankreich bereits in den fünfziger Jahren eingeleitet wurde, schob sich der Beginn in Deutschland durch die Aufnahme der Ostflüchtlinge nach hinten. Zwar datiert der erste Anwerbevertrag mit Italien auf den 22. Dezember 1955, doch erst Anfang der sechziger Jahre trafen italienische Arbeitsmigranten in großer Zahl in der Bundesrepublik ein. Zuvor, bis zum Bau der Mauer 1961, hatten die deutschen Flüchtlinge die entstandenen Lücken in der Wirtschaft gefüllt.

Zwar arbeiteten auch sie zunächst in den schlecht bezahlten Arbeitsmarktbereichen, doch angesichts der gigantischen Wachstumsraten der fünfziger Jahre wurden sie nachhaltig in eine Aufstiegsspirale hineingezogen, die zu einer lückenlosen Integration führte. Allerdings waren die Vertriebenen von Beginn an eine äußerst heterogene soziale Gruppe und besaßen zudem bessere Startbedingungen als die späteren »Gastarbeiter«: Sie besaßen oder erhielten sofort die deutsche Staatsbürgerschaft und hatten gewöhnlich keinerlei Sprachprobleme. Und wenn auch Diskriminierung im Alltag nicht ungewöhnlich war, so gab es doch zu keiner Zeit ähnlich organisierte Abwehrreaktionen wie gegen »Ausländer«.

»Da ich mit den Deutschen nicht rede, weiß ich nicht, was sie denken. Unter ihnen gibt's genug Gute und Schlechte. In jedem Land, in jedem Staat gibt es gute und schlechte Menschen. Mir haben sie keinen Schaden zugefügt. Die Deutschen sind für mich wie ein Bild. Ich sehe es, es bewegt sich und spricht …«

Memis Bozkir (Arbeiter). In: Dursun Akcam: Deutsches Heim, Glück allein. Wie Türken Deutsche sehen. Göttingen 1982

Ausländer kamen erst wieder nach Deutschland, als der Zustrom der Vertriebenen versiegte. Insofern waren die fünfziger Jahre für den Staat eher eine Zeit der Vorbereitung und der rechtlichen Absicherung. Dem frühen Anwerbevertrag mit Italien folgten erst 1960 die Verträge mit Spanien und Griechenland, 1961 mit der Türkei, 1963 mit Marokko, 1964 mit Portugal, 1965 mit Tunesien und 1968 schließlich mit Jugoslawien. Als deutlich wurde, dass die Bundesrepublik Deutschland Arbeitskräfte benötigte, hatten sich die verschiedenen Staaten um die »Entsendung« förmlich »beworben«. Dass die Türkei als erstes nichteuropäisches Land den Zuschlag bekam, verdankte sie der Tatsache, dass sie ein wichtiges Mitglied der NATO war. Allerdings gab es »Anwerbeabkommen erster und zweiter Klasse« (Mathilde Jamin), wobei die nichteuropäischen Staaten im hinteren Glied standen. Nur die Verträge mit Marokko, der Türkei und Tunesien enthielten Klauseln über eine grundsätzliche Beschränkung des Aufenthalts. Zudem findet sich nur in den Abkommen mit der Türkei und Tunesien ein ausdrücklicher Hinweis darauf, dass die gesundheitliche Voruntersuchung der Bewerber »auch zum Schutz der Bevölkerung aus seuchenhygienischen Gründen« vorgenommen werden sollte.

Wohnsituation von türkischen Arbeitern, Bayern, sechziger Jahre

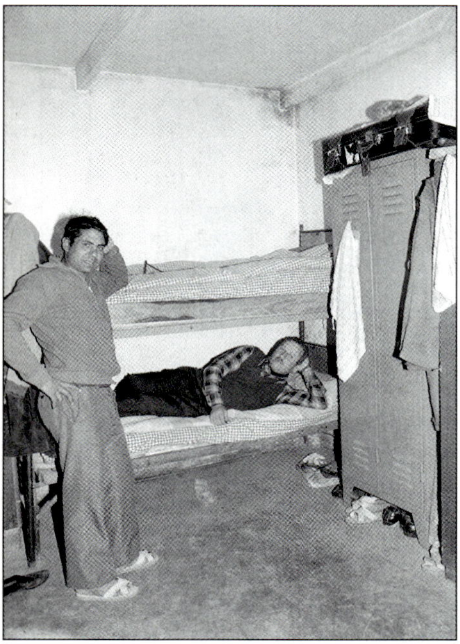

10 Kubikmeter »Luftraum«

Die Voruntersuchungen zur Auswahl, welche die Nürnberger Bundesanstalt für Arbeit in den Anwerbezentren organisierte, müssen keine angenehme Sache gewesen sein. Der Schriftsteller John Berger beschrieb die Situation in Istanbul so: »Die demütigende Forderung, sich vor Fremden zu entblößen. Die unverständliche Sprache, die die verantwortlichen Funktionäre sprechen. Die Bedeutung der Tests. Die Nummern, die ihnen mit Filzstift auf den Körper geschrieben werden. Die strenge Geometrie des Raumes.«

Tatsächlich wurden die Bewerber buchstäblich vermessen. Nur die »Auserwählten« durften schließlich die »Sonderzüge« nach Deutschland besteigen. Diese Züge aus Italien, Griechenland, der Türkei und Jugoslawien endeten alle auf Gleis 11 des Münchener Hauptbahnhofes. Von dort aus wurden die oft völlig erschöpften Männer dann weiter verteilt, um zu ihren jeweiligen Arbeitgebern zu gelangen. Die dabei entstehenden Wartezeiten allerdings verbrachten die neuen »Gastarbeiter« in einem umgebauten unterirdischen Weltkriegsbunker, der von besagtem Gleis 11 aus direkt betreten werden konnte. Die Behörden fürchteten, der Anblick der Männer könnte die deutschen Fahrgäste an die Zwangsarbeiter erinnern und so den Eindruck von »Kriegszustand« oder »Sklavenhandel« erwecken.

Die Reise endete schließlich zumeist in firmeneigenen Unterkünften. Die Atmosphäre dort muss noch unangenehmer gewesen sein als in einer klassischen fabriknahen Arbeitersiedlung des 19. Jahrhunderts. Das »Lager« diente einerseits dazu, die ausländischen Arbeiter deutlich zu separieren. Etwa ein Fünftel der »Lager« waren in diesem Sinne sogar mit einem Stacheldraht umgeben und konnten nur durch ein Tor mit Schlagbaum betreten und verlassen werden. Zum anderen symbolisierte das »Lager« den Aufenthalt im Transit – das Provisorium sollte den »Gastarbeitern« quasi im materiellen Alltag vor Augen führen, dass ihre Zeit in der Bundesrepublik begrenzt war. Die Unterbringung – 10 Kubikmeter »Luftraum« in einem Zimmer mit maximal sechs Personen standen nach der ersten Verordnung jedem Arbeiter zu – schränkte individuelle Freiheiten massiv ein; zum Mangel an Bewegungsfähigkeit gesellte sich zudem ein Mangel an Intimität. An die Befriedigung sexueller Bedürfnisse war nicht einmal zu denken. Und selbstverständlich wurde der Kontakt zu den Einheimischen

»Das größte Problem, für Männer wie für Frauen, war das Essen. Zur ängstlichen Vermeidung des Verzehrs von Schweinefleisch kamen die Sprachschwierigkeiten, sodass man sich fast ausschließlich von Nudeln, Kartoffeln, Eiern und Hühnerfleisch ernährte.«

Aytac Eryilmaz: Das Leben im Wohnheim. In: Eryilmaz/Jamin (Hg.): Fremde Heimat. Eine Geschichte der Einwanderung aus der Türkei. Essen 1998

Anschlag in einem Toilettenraum einer Fabrik im Ruhrgebiet, 1963

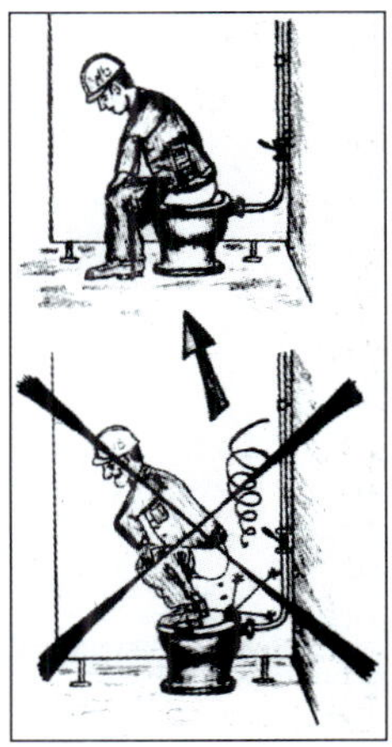

Ankunft, München Hauptbahnhof, 1963

durch das Leben im »Lager« nahezu unmöglich gemacht. Doch selbst wenn jemand das Lager verließ, stand er oft vor verschlossenen Türen: Viele Lokale verhängten damals Einlasssperren für »Gastarbeiter«.

Allerdings wurden diese Zustände von den Migranten nicht einfach hingenommen. Immer wieder kam es zu spontanen »wilden« Streiks. Darüber hinaus bediente man sich eines Mittels, das aus den Zeiten der Zwangsarbeit noch wohl bekannt war: der Flucht. Anne von Oswald, die sich vor allem mit der frühen Ausländerbeschäftigung bei Volkswagen in Wolfsburg befasst hat, berichtet, dass 65 % (!) der italienischen Migranten bereits vor dem Ablauf des befristeten Arbeitsvertrags kündigten. »Ihre Einjahresverträge«, schreibt sie, »nach 1963 meist nur noch 6-Monatsverträge, sowie die (...) materiellen VW-Attraktionen wie hohe Löhne waren nicht Anreiz genug, um wenigstens die begrenzte, aber arbeitsabgesicherte Zeit bei VW ›auszuhalten‹: Fast 20 % verließen sogar innerhalb der ersten Tage und Wochen eher Hals über Kopf die Stadt.«

Nur junge Männer?

Von Anfang an kamen nicht nur junge Männer als Einwanderer nach Deutschland, sondern auch ein bedeutender Anteil allein stehender Frauen. Hier war die Nachfrage sogar fast immer höher als die Zahl der tatsächlich Einreisenden. Die meisten jungen Frauen kamen aus Griechenland, der Türkei und Jugoslawien und arbeiteten als an- oder ungelernte Kräfte in »Frauenindustrien« (Textil, Bekleidung, Nahrungs- und Genussmittel) und im Dienstleistungssektor. Dabei lagen die Vorteile ihrer Beschäftigung auf der Hand – in erster Linie waren sie »billig«: Unsichere tarifliche Bestimmungen, Frauenlohnabschläge und Altersabschläge sorgten für vergleichsweise geringe Entlohnung. Zudem galt die Arbeit von Frauen in jenen Jahren als vorübergehend und jene von »Gastarbeiterinnen« aus Ländern mit patriarchaler Geschlechtsordnung noch weit mehr – insofern erfüllten die Frauen scheinbar alle Anforderungen der von der Bundesrepublik gewünschten Mobilität. 1964 lag die Zahl der erwerbstätigen Frauen bereits bei über 200 000, was einem Anteil von etwa 23 % aller »Gastarbeiter« entspricht, 1973 war die Anzahl auf etwa 700 000 angestiegen, was eine Quote von etwa einem Drittel ausmacht. Ende der Sechziger verschwanden die »Gastarbeiterinnen« allerdings aus der Wahrnehmung – zum einen gründeten die meisten Familien, zum anderen wanderten nach 1973 Frauen offiziell nur noch durch die »Familienzusammenführung« ein.

»Die Frauen, die vor allem in den sechziger Jahren aus der Türkei in die Bundesrepublik kamen, waren das genaue Gegenteil des deutschen Klischeebildes der türkischen Frau. Sie kamen zumeist als Arbeitnehmerinnen, häufig zunächst allein, ohne ihren Ehemann; jede fünfte in der Türkei angeworbene Arbeitskraft war weiblich.«

Aus der Einführung von Mathilde Jamin für den Katalog der Ausstellung: Fremde Heimat. Eine Geschichte der Einwanderung aus der Türkei. Essen 1998

Die ersten »Gastarbeiter« wurden zunächst gesundheitlich geprüft und wohnten nach ihrer Ankunft zumeist in Lagern gleich bei den Fabriken. Allerdings kamen keineswegs nur junge Männer nach Deutschland: Über ein Viertel der »Gastarbeiter« waren Frauen.

Die Jahre der Ansiedlung

In der ökonomischen Krise von 1966 kam es in der Bundesrepublik erstmals zu organisierten Abwehrreaktionen gegen ausländische Arbeitskräfte. Danach allerdings ging die Einwanderung erst richtig los. Zudem begannen die ersten Migranten, sich auf Dauer niederzulassen.

Die Krise von 1966

Am 10. September 1964 wurde auf dem Kölner Hauptbahnhof der portugiesische Zimmermann Amando Sa Rodrigues als millionster »Gastarbeiter« begrüßt. Ihm wurde zu diesem Anlass ein Moped überreicht. Am 27.11.1969 wiederholte sich diese Szene: In München erhielt Ismael Babader erneut als millionster Einwanderer einen Fernseher. Zwischen diesen beiden Terminen jedoch lag die Krise von 1966/67: Erstmals nach dem Krieg stagnierte die Wirtschaft, und die Arbeitslosigkeit stieg merklich an.

»... die vordergründige Demonstration des ›friendly Germany‹ (...) (gelingt) nicht. (...) Die Geste des Geschenks und das Geschenk selber haben einen Subtext, der auf die soziale Stellung verweist, die dem ›Gastarbeiter‹ zugedacht wurde. Selbst in der ›großzügigen‹, fast einzigartigen Szene auf dem Kölner Hauptbahnhof im September 1964 achtet man auf die ›feinen Unterschiede‹. Es ist ein Moped, das da an den ›Gastarbeiter‹ verschenkt wird. Doch: Anfang der 60er Jahre stellen die deutschen Kollegen ihre Motorräder (...) in die Ecke und steigen auf das Auto um.«

Über die Begrüßung des »millionsten Gastarbeiters« in der Einleitung des Bandes: Angeworben, eingewandert, abgeschoben. Hg. von Katja Jünemann u.a.

Mitte der sechziger Jahre wurde die Anwesenheit von »Gastarbeitern« in der Bundesrepublik Deutschland zum ersten Mal als Problem gesehen. Über die Anwerbung von ausländischen Arbeitskräften hatte es eigentlich keine öffentliche Diskussion gegeben, und zu diesem Zeitpunkt hielt man die Migranten, so man sie denn überhaupt bemerkte, für ein »Symptom des neuen Reichtums« (U. Herbert). Das neue »Ausländergesetz« von 1965 hatte als Richtschnur der deutschen Migrationspolitik die »Belange der Bundesrepublik Deutschland« eingeführt. Doch diese »Belange« sahen viele Deutsche in der Krise von der Bundesregierung nicht mehr angemessen vertreten.

Zwar erfüllten die Migranten ihre Funktion als »Konjunkturpuffer« – allein 1966 verließen 400 000 »Gastarbeiter« die Bundesrepublik und entlasteten so den deutschen Arbeitsmarkt –, doch vielen Einheimischen waren immer noch zu viele Ausländer im Land.

In den konservativen Parteien begannen nun viele die Ausländerbeschäftigung zu kritisieren. Wirtschaftswissenschaftler hinterfragten den Nutzen der Migration. Ausländerrechtskommentare und Arbeitgeber unterstützten zwar weiter die Anwerbung eines extrem mobilen Arbeiterpotentials, warnten jedoch eindringlich vor einer Ansiedlung der Ausländer durch Familienzusammenführung. In einer Untersuchung aus dem Jahre 1972 konnte Manuel Delgado zeigen, dass bereits damals mehr als die Hälfte der von ihm herangezogenen Zeitungen sich in Bezug auf »Gastarbeiter« zu 75 % mit allerlei Sensationen (»sie« bedrohen Gesundheit, politisches System und Staatsfinanzen; »sie« nehmen »uns« Frauen und Arbeitsplätze weg) und vor allem mit Kriminalität befassten.

27. November 1969: Ismail Babader wird vom Präsidenten der Bundesanstalt für Arbeit, Josef Stingl, mit einem Fernseher als Geschenk begrüßt.

Absurderweise glaubten 1966, nach einer Umfrage des Infas-Institutes, 50 % der Befragten, dass die Arbeitsplätze der Deutschen in der Krise stärker gefährdet seien als jene der Migranten. Bei den einheimischen Arbeitern führte die BILD-Titelzeile »Gastarbeiter fleißiger als deutsche Arbeiter?« gar in einigen Metall verarbeitenden Betrieben in Baden-Württemberg zu Warnstreiks mit über 5000 Teilnehmern. In allen Parteien schlug sich die gesellschaftliche Stimmung in Polemiken gegen Ausländer nieder. Ende 1966 kam schließlich die Stunde der NPD – innerhalb von eineinhalb Jahren zog die 1964 gegründete rechtsradikale Sammlungspartei mit Ergebnissen zwischen 5,8 und 9,8 % in sieben Landtage ein.

Die Reaktionen in der Krise von 1966 waren noch nicht mit dem späteren Ausmaß des Rassismus in Deutschland vergleichbar. Doch bereits damals zeigte sich erneut, wie sehr der Nationalismus – in diesem Fall vom

weitgehend rückwärts gewandten äußersten rechten Rand – auch in der Bundesrepublik ein wichtiges Element der politischen Steuerung darstellt. Die Logik im Umgang mit dem Rechtsradikalismus ähnelte jener, die etwa den Aussagen des rechtsliberalen Abgeordneten Hans von Eynern im Jahre 1922 im Preußischen Landtag anlässlich der berühmten »Ostjuden-Debatte« zugrunde lag. Er warnte vor der großen Gefahr einer »antisemitischen Radauwelle«, deren Qualität »staatsgefährliche« Ausmaße angenommen habe. Zur Bekämpfung dieses Antisemitismus jedoch schlug er die Reduzierung der Einwanderung »ostjüdischer Elemente« vor, die sich offenbar nicht in die deutsche Lebensart einfügen konnten. Tatsächlich haben auch 1966 Politiker aller Parteien, um dem Rechtsradikalimus die Spitze zu nehmen, sich gegen »Ausländer« gewandt. Doch 1969 schien der Spuk schon vorüber zu sein. Bereits ein Jahr zuvor hatte die Wirtschaft wieder kräftig angezogen, und die NPD scheiterte bei der Bundestagswahl an der 5 %-Hürde.

Der Beginn der Ansiedlung

Erst nach 1968 begann die eigentlich Hochphase der Einwanderung: Bis 1973 stieg die Zahl der »Gastarbeiter« von etwa einer Million auf etwa 2,6. Allein in den drei Jahren zwischen 1968 und 1971 kamen mehr Migranten nach Deutschland als bis 1969 insgesamt. In dieser Periode verschob sich auch der nationale Hintergrund der Einwanderer maßgeblich. Die Zahl der Arbeitskräfte aus der Türkei stieg beharrlich, und seit 1972 bilden die Einwanderer türkischer Herkunft in der Bundesrepublik die stärkste Gruppe. Dabei stieg auch die Aufenthaltsdauer mehr und mehr an. 1972 wurde erstmals denjenigen, die bereits fünf Jahre in der Bundesrepublik arbeiteten, eine befristete »besondere Arbeitserlaubnis« für weitere fünf Jahre erteilt. Das betraf damals etwa 400 000 Personen.

Zu Beginn der siebziger Jahre war der Ansiedlungsprozess in vollem Gange. Viele Migranten hatten die Regelungen zur »Familienzusammenführung« aus den mittleren Sechzigern genutzt und zumeist Frauen und Kinder nachkommen lassen. Dabei waren diese Regelungen nur für EG-Angehörige einigermaßen verbindlich. Bei den Migranten aus der Türkei und Jugoslawien blieb die »Familienzusammenführung« eine Sache behördlichen Wohlwollens auf der Grundlage des verfassungsmäßigen Schutzes von Ehe und Familie – also letztlich ein »Gnadenakt« (Haris Katsoulis). Zudem wurde der Nachzug der Familien ohnehin kritisch beäugt, weil viele zu Recht davon ausgingen, dass sich damit ein Prozess der Ansiedlung ankündigte.

»Die Kinder waren im Schulhof versammelt, der Rektor der Schule hielt auch eine Rede, wie wichtig es für die deutschen Kinder sei, dass es auf dieser Schule ab heute auch einen türkischen Jungen gibt. Dadurch könnten die Kinder ihre Schlagfertigkeit auf die Probe stellen, beim Arschtreten Sicherheit gewinnen und ihren Wortschatz bereichern: Kanacke, Batschkakke, Kameltreiber, Kümmelfresser, Knobietürke, das sei besonders für Erstklässler lebenswichtig.«

Sinasi Dikman: Hurra, ich lebe in Deutschland. Satiren. München 1995

Der Anwerbestopp

Der 23. November 1973 brachte schließlich den großen Einschnitt – den Anwerbestopp – und damit das endgültige Ende des Konzeptes »Gastarbeit«. Bereits seit der Krise von 1966 hatte es immer wieder Diskussionen über Vor- und Nachteile der Ausländerbeschäftigung gege-

Ausländische Arbeitskräfte in der BRD, 1954 bis 1981

Jahr	Anzahl	%*	Jahr	Anzahl	%
1954	72.096	0,4	1968	1.089.873	5,2
1955	79.697	0,4	1969	1.501.409	7,0
1956	98.818	0,5	1970	1.948.951	9.0
1957	108.190	0,6	1971	2.240.793	10,3
1958	127.083	0,6	1972	2.359.392	10,8
1959	166.829	0,8	1973	2.595.000	11,9
1960	329.356	1,5	1974	2.286.625	10,9
1961	548.916	2,5	1975	2.038.779	10,1
1962	711.459	3,2	1976	1.920.895	9,5
1963	828.743	3,7	1977	1.869.453	9,3
1964	985.616	4,4	1978	1.864.051	9,1
1965	1.216.804	5,7	1979	1.947.475	9,3
1966	1.313.491	6,3	1980	2.015.593	9,5
1967	991.255	4,7	1981	1.917.239	9,1

* In Prozent der Beschäftigten

»Gestern hat man uns geholt und gebraucht, heute statt Dankeschön – hau ab!«

Flugblatt-Text einer Demo von Migranten April 1975 in Kassel

ben. Damals wurde vor allem über den Aspekt der Modernisierungshemmung gesprochen: Angeblich verhinderte die Beschäftigung von Migranten in veralteten Handarbeitsjobs die notwendige Rationalisierung der Betriebe. Zudem beobachtete man von staatlicher Seite mit Besorgnis die abnehmende regionale Mobilität der Migranten und fürchtete eine Belastung der Infrastruktur durch die zunehmende familiäre Einbindung. Tatsächlich hielten sich schon 1972 nahezu eine Million Kinder von Einwanderern in der Bundesrepublik auf; 400 000 davon waren unter sechs Jahren. In jedem Jahr kamen bereits zwischen 40 000 und 50 000 dieser Kinder ins erwerbsfähige Alter. Der Anwerbestopp wurde vor allem durch die schwierige Situation begründet, die durch die so genannte Ölkrise entstanden war. Doch die Ölkrise spielte wohl kaum mehr als die Rolle eines willkommenen Anlasses.

Die Regierung versprach sich vom Anwerbestopp eine Rückwanderungswelle vom gleichen Ausmaß wie 1966. Zwar gingen in den folgenden zwei Jahren tatsächlich eine halbe Million Arbeitskräfte zurück, doch die Behörden hatten zahlreiche Faktoren falsch bewertet. Zum einen war der Grad der Sesshaftigkeit unterschätzt worden. Aus den verschiedensten Gründen hatten sich viele längst zum Bleiben entschlossen. Bei manchen reichte das Geld nie für die Pläne im »Heimatland«, andere kamen innerhalb der Betriebe weiter nach oben, wieder andere blieben wegen der Kinder. Zum anderen forcierte der Anwerbestopp, insbesondere bei vielen der Nicht-EG-Angehörigen, die Entscheidung. Ihnen wurde nämlich damit die Chance genommen, nach einer Ausreise wieder nach Deutschland zurückzukehren. Dazu kamen die unbeabsichtigten Effekte abschreckender Sparmaßnahmen: Beispielsweise kürzte die Bundesregierung das Kindergeld für die in Heimatländern lebenden Kinder »ausländischer« Arbeiter, was zu einem verstärkten Familiennachzug führte. Insofern nahm die »ausländische« Wohnbevölkerung während der siebziger Jahre mitnichten ab; 1980 lag sie um etwa eine Million höher als 1972.

Zur Zeit der Jahrzehntwende hatten sich die demographischen Daten der Migranten jenen der Einheimischen angenähert: Das Verhältnis zwischen Männern und Frauen war nahezu ausgeglichen, ein Drittel der Bevölkerung war unter 20, und die Erwerbsquote, also das Verhältnis von Erwerbstätigen zur Wohnbevölkerung insgesamt, lag bei 45 % (zwanzig Jahre zuvor betrug sie noch 80 %). Schließlich brachte das Jahr 1973 auch das Ende der Gemeinschaftsunterkünfte – nun zogen die Einwandererfamilien in preiswerte Mietwohnungen.

Fasching, Ende der sechziger Jahre

Ghettobildung?

Im Zusammenhang mit den Regelungen zur Begrenzung des Zuzugs begannen die Behörden 1973 von der »Integration« der Migranten zu sprechen. Gewöhnlich wurde das Anrecht der Migranten auf einen Verbleib in der Bundesrepublik nicht mit einem rechtlichen, sondern vielmehr mit einem moralischen Anspruch begründet, der sich aus ihrem Beitrag zur Verbesserung des Lebensstandards der Einheimischen ableitete. Allerdings waren die Integrationsmaßnahmen nicht in erster Linie zum Wohle der Migranten gedacht (oder mit diesen überhaupt besprochen), sondern als Beitrag zum sozialen Frieden und der Inneren Sicherheit in der Bundesrepublik. Daraus ergab sich, dass die Migranten in den Integrationsvorstellungen als Problem dargestellt wurden – vor allem in zweierlei Hinsicht: zum einen bezüglich der räumlichen Konzentration, zum anderen bezüglich des Nachwuchses, der »zweiten Generation«.

»Es gibt Gebiete in der Stadt, in denen man sich nicht als Deutscher in Deutschland fühlt.«

Der Berliner Innensenator Jörg Schönbohm in der *tageszeitung* vom 5./6.9.1998

Tatsächlich findet man Migranten und ihre Nachkommen in Deutschland relativ stark in bestimmten Regionen und Städten konzentriert: Etwa 80 % der »ausländischen« Beschäftigten arbeiteten und arbeiten in Bayern,

»Auch die plötzlich überproportionale ›Sorge‹ um die zweite Generation von manchen ›kritischen‹ Vertretern dieser Gesellschaft ist, in unseren Augen, ein verkappter Versuch, von den Problemen der ersten Generation abzulenken, nachdem ihre ›weniger kritischen‹ Kollegen jahrzehntelang das Problem angeblich ›übersahen‹.«

Aus dem Manifest »Literatur der Betroffenheit« von Franco Biondi und Rafik Schami. In: Christian Schaffernicht (Hg.): Zu Hause in der Fremde. Fischerhude 1981

Baden-Württemberg, Hessen und Nordrhein-Westfalen und dort wiederum insbesondere in München, Stuttgart, Frankfurt, Solingen etc. Damals entstand eine Sichtweise, welche die vermehrte Anwesenheit von »Ausländern« in einem Stadtteil mit zahlreichen Schwierigkeiten in Verbindung bringt – in jeder Beziehung übertrieben sprach man von gefährlicher »Ghettobildung« und beschwor die berühmt-berüchtigten »amerikanischen Zustände«. 1975 erließ das Bundesministerium für Arbeit und Sozialordnung eine »Zuzugssperre«: Bei einem Ausländeranteil von 12 %, in Ausnahmen auch bereits bei 6 %, konnten Städte und Kreise sich zu »überlasteten Siedlungsgebieten« erklären. Davon machten etwa Köln, Frankfurt am Main, Hannover, München und West-Berlin Gebrauch. Im Pass von Migranten, die ihre Arbeitserlaubnis verlängerten, wurde ein Vermerk eingetragen, dass bestimmte Städte als No-Go-Area galten. Auch wenn die Zuzugssperren 1977 wieder aufgehoben wur-

FAZ vom 15.12.1983

»Die Deutschen sterben aus«

Bonn über Rückgang der Bevölkerung besorgt

ban. BONN, 14. Dezember. Die Bundesregierung hat am Mittwoch mit Sorge den Bericht einer interministeriellen Arbeitsgruppe entgegengenommen und gebilligt, in dem für die kommenden fünfzig Jahre ein Bevölkerungsrückgang in der Bundesrepublik um ein Viertel prognostiziert wird, und der die Auswirkungen auf Staat und Gesellschaft untersucht. Die Zahl der Deutschen werde von derzeit 56,9 Millionen auf 52 Millionen im Jahr 2000 und auf 38,2 Millionen im Jahr 2030 zurückgehen. Die Zahl der Ausländer werde von jetzt 4,5 Millionen auf mehr als sieben Millionen ansteigen. In diesem zweiten Teil (der erste aus dem Jahr 1980 galt der demographischen Entwicklung) eines umfassenden Bevölkerungsberichtes wurde vor allem auf die politischen Folgen dieser Entwicklung eingegangen. Sollten die Annahmen zutreffen, würde sich nach dem Jahr 2000 die Bevölkerungspyramide hin zu den alten Menschen verändern, mit Folgen für das Rentensystem. Wenn man das jetzige Niveau halten wolle, müßten die Beiträge im ersten Drittel des nächsten Jahrhunderts von derzeit 18,5 Prozent auf das Doppelte steigen. Mit starken Vorbehalten auf nicht vorhersehbare Entwicklungen versahen die Berichterstatter ihre Hinweise zur Wirtschaftspolitik und zum Arbeitsmarkt sowie zu der Bedeutung der demographischen Entwicklungen für die staatlichen Finanzen.

Der Parlamentarische Staatssekretär im Innenministerium, Waffenschmidt (CDU), wies nach der Kabinettsitzung darauf hin, daß die Bundesrepublik das Land mit der niedrigsten Geburtenrate in der Welt sei. Jährlich müßten 200 000 Kinder mehr geboren werden (jetzt sind es etwa 550 000 im Jahr), wenn man den jetzigen Bevölkerungsstand halten wolle. Im Bundeskabinett sprach man von „erheblichen Auswirkungen", die die Landesverteidigung, die Ausländerpolitik und das Bildungswesen beträfen. Schon in zehn Jahren fehlten der Bundeswehr jährlich 100 000 Wehrpflichtige. Der Lehrerüberhang von 150 000 sei in den kommenden Jahrzehnten nicht zu verringern. Hinzu komme der wachsende Anteil der Ausländer. Die Bundesregierung wird den Bericht dem Bundestag und Bundesrat zuleiten, womit eine öffentliche Debatte angestrebt wird.

Waffenschmidt sagte, die Bundesregierung werde „die negative Entwicklung im Interesse einer gesicherten Zukunft unseres Volkes nicht tatenlos hinnehmen". Der Trend müsse gestoppt und in eine „vernünftige Richtung" gebracht werden.

den, gibt es noch heute in vielen deutschen Städten Quotierungen für bestimmte Stadtbezirke. Freilich wird damit die Marginalisierung nicht beseitigt, sondern eher unsichtbar gemacht.

Die »zweite Generation«

Auch im Falle des anderen Feldes der Integrationsbemühungen, also der »zweiten Generation«, stand die Entschärfung von vorweggenommenen sozialen Konflikten im Vordergrund. Man sah die Nachkommen der »Gastarbeiter« durch mangelnde Bildung, Sprachprobleme und Kulturkonflikte gefährdet – die Behörden fürchteten, hier wachse eine Generation von Kriminellen heran. Bereits damals wurde die Gefahr der jugendlichen »Ausländerkriminalität« schamlos übertrieben – dabei hatten sich in dieser Zeit die Zahlen nicht einmal angeglichen; die Kriminalitätsrate der Migrantenkinder lag deutlich niedriger als jene der Einheimischen. In diesem Sinne war seit Mitte der siebziger Jahre bei Regierung, Medien und auch in den ersten wissenschaftlichen Werken in Bezug auf die »zweite Generation« ununterbrochen die Rede vom »sozialen Zündstoff« oder einer »sozialen Zeitbombe«. Zwar thematisierte das Konzept der Integration immerhin die wirtschaftliche Schieflage zwischen Migranten und Einheimischen; auf der anderen Seite jedoch kamen darin die Migranten nur als Defizit und Problem vor. Zudem hob das Konzept bereits stark auf die Rolle der Kultur ab; es basierte auf einer relativ strikten Vorstellung von Anpassung an deutsche Verhaltensstandards – ein Anspruch, gegen den sich später vor allem die Vertreter des so genannten Multikulturalismus wandten.

»Dass die Bevölkerung z. B. die pyrotechnische Metaphorik, mit der Bodenbender die zweite Ausländergeneration als ›sozialen Zündstoff mit Zeitzünder‹ bezeichnete, übernommen hat, steht außer Zweifel. Adam bemerkte in der *FAZ* (7.11.81), dass seit Bodenbenders Rede kaum ein Redner darauf verzichte, ›von Sprengsätzen, Zeitbomben, und ähnlichem zu sprechen, wo es um das Schicksal von Menschen geht.‹«

Giorgios Tsiakalos: Ausländerfeindlichkeit. München 1983

Während der Anwerbestopp von 1973 die legale Zuwanderung vorerst beendete, sollten die Kinder der Migranten gleichzeitig integriert werden. Allerdings sahen die Behörden die jungen Leute in erster Linie als »soziale Zeitbombe« und verlangten Anpassung.

Asylhysterie, rechte Gewalt und »neue Gastarbeit«

In den achtziger und neunziger Jahren verschärfte sich die gesellschaftliche Auseinandersetzung über das Thema Einwanderung. Mehr und mehr ging es dabei um die Asylbewerber. Dabei nahm auch die Gewalt gegen »Ausländer« auf dramatische Weise zu.

Wieder einmal Lager

Die behördliche Übertreibung der negativen Folgen der Ansiedlung von Migranten führte zusammen mit der Sorge über die angebliche »Asylantenflut« zu Beginn der achtziger Jahre zu einer allgemeinen Aufheizung der Stimmung in der Bundesrepublik. Dabei ergaben sich nicht nur erstaunliche Übereinstimmungen zwischen Regierung, Parteien und Medien, sondern auch zwischen der »Straße« und dem Bildungsbürgertum. Bereits seit Mitte der Siebziger existierte die juristische Rede vom »Asylanten«, welche mit den Befürchtungen der Behörden über die anschwellende »Flut« zunehmend negativ besetzt wurde. Vor allem im Wahlkampfjahr 1980 fand das Thema einen breiten Widerhall bei Politikern und den Medien. Darüber hinaus brachte die zunehmende Einwanderung von Asylbewerbern die Wiederkehr des Lagers. 1982 wurde im Bundestag die Lagerunterbringung praktisch ohne Gegenstimmen beschlossen, ebenso wie ein Arbeitsverbot.

»Politisch Verfolgte genießen Asylrecht.«

(Art. 16 (2) GG)

»Den Schutz des Asylrechts genießt jeder, der aus politischen Gründen einer Verfolgung mit Gefahr für Leib und Leben oder Beschränkung seiner persönlichen Freiheit ausgesetzt wäre, der also, allgemein gesagt, Zuflucht sucht, weil er sonst politische Repressalien zu erwarten hätte.«

Ausländerpolitik, hrsg. vom Bundesminister für Arbeit und Sozialordnung, 1985

Hier zeigt sich noch einmal die Bedeutung der Art und Weise, wie Einwanderer institutionalisiert werden. Durch die restriktive Antieinwanderungspolitik nach dem Anwerbestopp wurde, wie die französische Politikwissenschaftlerin Annette Rey einmal schrieb, in der Bundesrepublik das Asylrecht zum »zentralen Komplex« der gesamten Einwanderungsproblematik. Die erneute Einweisung von Einwanderern in Lager sorgte wiederum für eine Abschottung von der einheimischen Bevölkerung und symbolisierte den begrenzten Aufenthalt. Zudem führte die Lagerunterbringung zu einer allgemeinen Wahrnehmung von Einwanderern als einer diffusen Masse. Und schließlich brachte das Arbeitsverbot unvorhergesehene Effekte hervor: Es sorgte dafür, dass die Asylbewerber allgemein als Belastung der bundesdeutschen sozialen Sicherungssysteme gesehen wurden. Gleichzeitig ging das politische Protestpotential aufgrund des unsicheren Aufenthaltsstatus gegen Null.

»Erst war das Bild, dann der Mensch, könnte man pointiert sagen.«

Christian Schölzel: Jugoslawen in Deutschland. In: Danckwortt/Lepp (Hg.): Von Grenzen und Ausgrenzung. Marburg 1997

Zunehmender Nationalismus

1980 konnte die NPD mit ihrer Kampagne »Ausländer-Stopp« einige Aufmerksamkeit für sich verbuchen, und neue rechtsradikale Parteien, wie Gerhard Freys DVU, fanden regen Zulauf. Zudem gab es auch vermehrt terroristische Gewaltakte von rechter Seite. Im September 1980 fand ein spektakulärer Anschlag auf den Eingangsbereich des Oktoberfestes statt, bei dem 13 Menschen ums Leben kamen. Der rechtsradikale Attentäter hatte Kontakt zum Anführer jener berüchtigten »Wehrsportgruppe Hoffmann«, die Anfang 1980 vom Innenministerium verboten worden war. Ins gleiche Jahr fiel eine Anschlagserie der »Deutschen Aktionsgruppen«, die unter dem Banner »Ausländer raus« antraten und die Demokratie »ausrotten« wollten. Ihre Aktionen richteten sich gegen Ämter, Schulen und »Ausländerlager«, aber eben auch gegen so genannte Asylantenheime.

Auch wandten sich nun gebildetere Kreise explizit gegen Migranten. Seit der Wahlniederlage der NPD 1969 hatte sich eine intellektualisierte »Neue Rechte« gebildet, die ein Netzwerk von Organisationen und Zeitschriften unterhielt. 1980 veröffentlichte *Die Zeit* einen Artikel des Generalsekretärs des Deutschen Roten Kreuzes, Jürgen Schilling, in dem dieser eine von der »natürlichen Affinität« abhängige kulturelle Assimilierbarkeit zum Maßstab der Integration machte: Während jene »Volksgruppen«, welche von den Deutschen angenommen würden, assimiliert werden sollten, forderte Schilling in einer

Containersiedlung für Asylbewerber, Stuttgart-Möhringen, Juli 1987

großen deutschen Zeitung ganz ernsthaft die »Repatriierung des größten Teils der Gastarbeiter aus den europäischen Randgebieten beziehungsweise außereuropäischen Ländern«. Etwa ein Jahr später erschien das »Heidelberger Manifest« einiger deutscher Hochschulprofessoren. In der Unterzeichner-Fassung warnten die Autoren vor der »Überfremdung unserer Sprache, unserer Kultur und unseres Volkstums« und proklamierten, jedes Volk besitze ein »Naturrecht auf Erhaltung seiner Identität«.

Angesichts dieser Entwicklung, die letztendlich ihren Ausgangspunkt bei den Dramatisierungen von Behördenvertretern genommen hatte, erklärte Bundeskanzler Helmut Schmidt schließlich dem *Spiegel*, dass es ein Fehler gewesen sei, so viele Ausländer ins Land zu holen. Die Bundesregierung entwickelte zu dieser Zeit dementsprechend ein System der Rückkehrförderung. Es besaß eine Signalwirkung in Bezug auf das gesellschaftliche Klima und hatte, wie die neuere Forschung zeigt, starke arbeitsmarktpolitische Effekte in bestimmten Sektoren (etwa in der Stahlindustrie). Zudem war es wohl im Sinne dieses

Systems auch als »Erfolg« zu verbuchen, dass fast ausschließlich Migranten türkischer Herkunft von solchen »Angeboten« Gebrauch machten (deren Alternative gewöhnlich Kündigung hieß).

Mit den Debatten vom Beginn der achtziger Jahre verschob sich allgemein die Wahrnehmung von »Ausländern« in Richtung kulturelle Unterschiede. Das betraf die Asylbewerber aus nichteuropäischen Ländern, aber auch die »zweite Generation«. Insofern wundert es nicht, dass seit dieser Zeit das »Ausländerproblem« im Großen und Ganzen mit »Asylanten« und mit den in Deutschland lebenden Personen türkischer bzw. kurdischer Herkunft identifiziert wird.

»Zur ›Zeitbombe Mensch‹ verallgemeinert, werden Fremde zum Sicherheitsproblem – im wörtlichen Sinn. Nach dem Verlust des alten Feindbildes von 1989 kam es rasch zu Umdefinitionen. Wurde anfangs mit hochirrationalen Annahmen von Millionen Wanderungswilligen an den nun offenen östlichen Grenzen der Bundesrepublik operiert, so folgte der Versuch rationaler Definitionen eines objektiven Sicherheitsproblems.«

Ulrich Bielefeld und Victoria von Flemming im Vorwort zu dem Buch von Sacha Hartgers: Irreguläre Grenzen in Europa. Ein Fotobericht. Hamburg 1998

Asylalarm

Mitte der achtziger Jahre wurde das Thema Asyl von der Bundesregierung erneut auf die Tagesordnung gesetzt. Der damalige Innenminister Friedrich Zimmermann zeigte sich angesichts der über die DDR in die Bundesrepublik einreisenden Flüchtlinge aus dem Iran und Sri Lanka alarmiert und löste dadurch ein beispielloses Medienecho aus. Dabei scheint es, als hätten die Regierungen in Bonn und West-Berlin damals ihren übertriebenen Warnungen quasi eine sinnliche Qualität verleihen wollen. Denn anstatt den Asylbewerbern sofort die Weiterreise ins Bundesgebiet zu ermöglichen, quartierten sie die Flüchtlinge in Zelten auf städtischen Fußballplätzen ein.

Der Diskursanalytiker Jürgen Link vermutet zu Recht, dass diese Reaktionen der Behörden den späteren Wahlerfolg der neuen rechtsradikalen Partei »Die Republikaner« zumindest teilweise verursachte. Wieder einmal regten sich rechts jene Kräfte, die der Auffassung waren, dass der Staat die »Belange« der Bundesrepublik nicht angemessen vertrat. So scheint es, als erzeuge der Staat eine bestimmte Atmosphäre, welche diese Kräfte begünstigt, um schließlich im Kampf gegen den »Rechtsextremismus« einen dann legitimierten Kampf gegen Einwanderer führen zu können.

Die Aussiedler

Ende der achtziger Jahre kam eine neue Gruppe Einwanderer in die Bundesrepublik: die »deutschstämmigen Spätaussiedler«. Die Angehörigen »volksdeutscher« Minderheiten in den Staaten des Ostblocks besaßen bekanntlich seit den fünfziger Jahren einen privilegierten Zugang zum Gebiet der BRD. Doch selbst nachdem in den siebziger Jahren Ausreisefreiheit für »Volksdeutsche« vereinbart wurde, blieben die Einwanderungszahlen gering. Das änderte sich erst mit der ökonomischen Krise der Ostblockstaaten 1988; in den darauf folgenden sechs Jahren kamen 1,9 Millionen »Spätaussiedler« nach Deutschland. Angesichts der unerwartet hohen Anzahl entschloss sich die Regierung, die »Volkszugehörigkeit« genauer zu überprüfen und die jährliche Aufnahmekapazität auf 220 000 Personen zu beschränken.

»Den Kanaken schreibt man Sitten und Riten zu wie einen schwarzen Peter. Von außen betrachtet kommen sie nur als amorphe Masse von Lumpenproletariern vor, die man an Äußerlichkeiten und ›spezifischen Eigenarten‹ zu erkennen glaubt. Auch wenn sie zu einer endgültigen Entscheidung gezwungen würden, die Kanaken suchen keine kulturelle Verankerung. Sie möchten sich weder im Supermarkt der Identitäten bedienen, noch in einer egalitären Herde von Heimatvertriebenen aufgehen.«

Feridun Zaimoglu: Kanak Sprak. Hamburg 1995

Die »Aussiedlung« wird bis heute praktisch direkt durch den Artikel 116 des Grundgesetzes geregelt, und daher handelt es sich um die einzig legale Einwanderung seit 1973. Diese »privilegierten Zuwanderer« (Motte/Ohlinger/Oswald) erhielten sofort die deutsche Staatsbürgerschaft, ihre Rentenansprüche wurden anerkannt, und sie konnten mit einer bevorzugten Behandlung bei der Wohnungssuche, (Um-)Schulungsmaßnahmen und Sprachkursen rechnen. Nichtsdestotrotz zeigen neuere Untersuchungen vor allem bei jüngeren Migranten aus der GUS mittlerweile einen relativ hohen Grad der Marginalisierung.

Das Ende des Asylrechts

Gegen Ende der achtziger Jahre stiegen auch die Asylbewerberzahlen deutlich an. Während 1988 etwa 103 000 Flüchtlinge in Deutschland um Aufnahme ersuchten, wuchs die Zahl im Jahre 1992 auf 438 000. In dieser Zeit verschärfte sich die überzogene Darstellung dieser Zuwanderung auf Regierungsseite bis zum Gedanken an die Ausrufung des »Staatsnotstandes« durch den Bundeskanzler. 1991 verging praktisch kein Tag, an dem in

Plakatserie der Initiative »Kein Mensch ist illegal«, Berlin 1998

den Medien nicht über die Gefahren der »Asylantenflut« schwadroniert wurde – es entstand der Eindruck, als überschwemme eine unübersichtliche Masse von kulturell fremden, potentiell kriminellen und die Sozialsysteme belastenden Elementen das Land. Gleichzeitig stieg die Anzahl der rassistischen Anschläge rasant an: Während in den Jahren zwischen 1987 und 1990 durchschnittlich etwa 250 Straftaten mit »fremdenfeindlichem« Hintergrund registriert wurden, verzehnfachte sich die Zahl im Jahre 1991 auf 2427, um schließlich 1992 bei 6336 anzugelangen. Dabei hatte die rechtsradikale Gewalt wellenförmige Höhepunkte zu den Zeiten der Pogrome von Hoyerswerda 1991 und Rostock ein Jahr später. Im Westen kam es im gleichen Jahr zu heimtückischen Brandanschlägen auf Migranten türkischer Herkunft etwa in Mölln oder Solingen. Bei den rassistischen Attacken wurden allein 1992 insgesamt 17 Menschen ermordet.

Als Bundesinnenminister Seiters 1992 nach Rostock flog, hob er bei seiner Ansprache vor allen Dingen hervor, wie sehr die Anschläge dem Ansehen Deutschlands schadeten. Zudem betonte er: »Aber wir müssen handeln gegen den Missbrauch des Asylrechts, der dazu geführt hat, dass wir einen unkontrollierten Zustrom in unser Land bekommen haben.« Das erneute Zusammenspiel – und anders kann man es kaum nennen – von Regierung, Medien, »Straße« und Intellektuellen führte 1993 schließlich zur faktischen Abschaffung des Asylrechts. Freilich artikulierte sich nach der Serie von rassistischen

»Wie viel Fremdheit verträgt Deutschland? Eine Diskussion – nicht nur für Nationalisten.«

Bildunterschrift in der *tageszeitung* vom 6.11.1999

»Des weiteren ist zu beachten, dass nur eine Minderheit von knapp fünfzehn Prozent gar keine Punkte auf der Skala erreichten, d.h. dass Fremdenfeindlichkeit in unterschiedlich starker Ausprägung für unsere Gesellschaft leider ›normal‹ ist.«

A. Silbermann und F. Hüsers: Der »normale« Hass auf die Fremden. München 1995

Ausschreitungen vielleicht zum ersten Mal in der Bundesrepublik so etwas wie die »Zivilgesellschaft« zum Problem des Rassismus. Es wurden Kampagnen lanciert, kulturelle Spektakel organisiert, und Millionen nahmen an den »Lichterketten« gegen die Gewalt teil. Doch im Mittelpunkt der Aktionen gegen »Ausländerhass« stand fast ausschließlich die Moral. Die »Lichterketten« stellten keine Forderungen auf – etwa bezüglich des Umgangs mit der Einwanderung –, sondern sie blieben schweigender Ausdruck der Empörung über Gewalt.

Neue Formen der »Gastarbeit«

Nach 1993 ist die Zahl der Asylbewerber drastisch zurückgegangen. Der »Asylkompromiss« wurde flankiert von einer ganzen Reihe von Maßnahmen, die es im Grunde unmöglich machten, die Bundesrepublik auf dem Landweg zu betreten. Damit ist die hysterische gesellschaftliche Debatte über »Asylanten« weitgehend zum Erliegen gekommen. Auf der anderen Seite haben sich in den neunziger Jahren wiederum neue Formen der »Gastarbeit« entwickelt. Seit 1990 wurden relativ systematisch mit einigen mittel- und osteuropäischen Ländern Verträge über die Zulassung einer bestimmten Anzahl Arbeitskräfte abgeschlossen. Im Allgemeinen erhalten folgende ausländische Arbeitnehmer eine befristete Arbeitserlaubnis: solche, die von ausländischen Firmen »mitgebracht« werden; eine Reihe von jüngeren Arbeitskräften zumeist aus Ungarn, der Tschechischen Republik und Polen, die bei einem Aufenthalt ihre beruflichen und sprachlichen Kompetenzen erweitern sollen (ein Viertel der Arbeitserlaubnisse entfiel auf das Hotel- und Gaststättengewerbe); und schließlich »Saisonarbeiter«, zumeist aus Polen (sie sind zu 92% in Land- und Forstwirtschaft sowie im Weinbau beschäftigt).

Stern Titelbild 25.2.1999

Stillstand auf höherem Niveau

In der zweiten Hälfte der neunziger Jahre sind keinerlei qualitative Veränderungen mehr aufgetreten. Da sich die Bundesrepublik weiterhin nicht als Einwanderungsland betrachtet, obwohl sie es ohne jeden Zweifel de facto ist, hat sich die Situation gewissermaßen auf einem höheren Niveau stabilisiert. Dabei hat sich die gesellschaftliche Thematisierung von »Ausländern« nicht wesentlich verändert: An erster Stelle steht der Gesichtspunkt der Inneren Sicherheit. Hier wird vor allem immer wieder die »Ausländerkriminalität« thematisiert, insbesondere die Verwicklung von »Ausländern« in die Organisierte Kriminalität, sowie politisch motivierte Gewalt (man denke an die periodisch wiederkehrenden Lamentos über »Kurdenkrawalle«).

Seitdem 1998 die neue rot-grüne Bundesregierung ihre Vorschläge zur »doppelten Staatsbürgerschaft« vorstellte und schließlich einige Veränderungen einführte, steht nun wieder verstärkt der Aspekt der Integration im Vordergrund. Seltsam dabei ist jedoch, dass heute erneut die Situation der »zweiten Generation« angesprochen wird. Fast 25 Jahre nach der ersten »zweiten Generation« haben die Jugendlichen offenbar immer noch die gleichen Probleme: Bildungsrückstand, Sprache, Kulturkonflikt etc. Sicher kann man die Probleme junger Menschen mit Migrationshintergrund nicht von der Hand weisen, doch zeigt sich in der jüngeren Debatte über Integration eben auch der erstaunliche Stillstand der Bundesrepublik in Fragen der Einwanderung.

»Bomben in den Vorstädten – Ausländerintegration ist gescheitert. Überall im Land entsteht eine explosive Spannung. Bei jungen Türken und Aussiedlern, Randgruppen ohne Perspektive, wächst die Bereitschaft, sich mit Gewalt zu holen, was die Gesellschaft ihnen verweigert.«

Headline zur Titelgeschichte »Gefährlich fremd – Das Scheitern der multikulturellen Gesellschaft« im *Spiegel* vom 14.4.1997

Da sich die Bundesrepublik weiterhin nicht als Einwanderungsland begreift, werden von den Behörden regelmäßig die Konsequenzen der De-facto-Migration übertrieben. Dies begünstigt letztlich rassistische Bedrohungsdiskurse und rechte Gewalt.

Auf dem »Jedermannsarbeitsmarkt«

Migranten sind nicht deswegen nach Deutschland geholt worden, weil generell Arbeitskräfte fehlten. Einen Mangel gab es vor allem im Bereich der unqualifizierten und unsicheren Arbeit. Nur dort wurden Einwanderer in großer Zahl beschäftigt.

Ausschließung durch Einbeziehung

Der Sozialwissenschaftler Immanuel Wallerstein hat einmal festgestellt, dass die moderne, kapitalistische Weltwirtschaft nach einem ungewöhnlichen Prinzip organisiert ist: Sie schließt Menschen aus, indem sie Menschen einbezieht. Das mag zunächst paradox anmuten, doch wenn man die ökonomische Lage von »Gastarbeitern« und ihren Nachkommen in Einwanderungsländern betrachtet, dann ist diese Feststellung vollkommen zutreffend. Denn durch die Migration wurden Menschen – bewusst und freiwillig – in einen nationalen Arbeitsmarkt einbezogen, doch gleichzeitig durch die Position, die man ihnen auf diesem Arbeitsmarkt zuwies, auf eine bestimmte Weise ausgeschlossen.

»Die draußen bleiben, sind einer neuen Form modischer Vereinnahmung ausgesetzt: dem Märchen von der Multikulturalität. Der Kanake taugt in diesem Falle als schillerndes Mitglied im großen Zoo der Ethnien, darf teilnehmend beobachtet und bestaunt werden. ›Türkensprecher‹ gestalten bunte Begleitprospekte für den Gang durch den Multikulti-Zoo, wo das Kebap-Gehege neben dem Anden-Musik-Pavillon platziert wird.«

Feridun Zaimoglu: Kanak Sprak. Hamburg 1995

In den letzten Jahren ist es üblich geworden, den Markt mit Demokratie gleichzusetzen und sein »natürliches« Walten als Allheilmittel für gesellschaftliche Probleme zu betrachten. Vor allem in den Kreisen der Vertreter des so genannten Multikulturalismus ging man zu Beginn der neunziger Jahre davon aus, der Markt sei »der ökonomische Ort ethnisch indifferenter Vergesellschaftung« (Claus Leggewie) und »in gewisser Weise farben- und nationalitätenblind« (Daniel Cohn-Bendit/Thomas Schmid). Auf dem Arbeitsmarkt sei die billigere Arbeitskraft aus dem Ausland willkommener als die teure deutsche. Daher spielten Herkunft und Pass dort eine weit geringere Rolle als auf den Gängen der deutschen Behörden.

»Gastarbeiter« beim Bau der Frankfurter U-Bahn

Doch der Arbeitsmarkt ist nicht prinzipiell offen, die Qualität des Arbeitsplatzes und damit auch die Höhe des Lohnes steht in einem direkten Zusammenhang mit der Herkunft der Arbeitskräfte. Freilich kann man sich fragen, was unter »billiger« verstanden wird. In Deutschland waren ausländische Arbeiter aufgrund der Bemühungen der Gewerkschaften immer schon in das Tarifsystem einbezogen und wurden daher zunächst einmal genauso bezahlt wie die Einheimischen.

Billige Arbeitskräfte?

Die Idee, ausländische Arbeitskraft sei »billig«, wird durch die Tatsache suggeriert, dass die Migranten von vornherein nur für ganz bestimmte Jobs angeworben wurden. Allgemein geht man ja davon aus, dass es sich bei der Migration um eine Folge von Arbeitskräfteknappheit angesichts des sagenhaften wirtschaftlichen Aufschwungs nach dem Zweiten Weltkrieg handelte. Doch tatsächlich handelte es sich um eine ganz bestimmte Knappheit – nämlich eine Knappheit im so genannten »unstrukturierten« Segment des Arbeits-

»Diese Tatsache beweist die Fragwürdigkeit aller Versuche, die Interessen der Ausländer von den Interessen der Deutschen trennen zu wollen. Sie ist der Grund für das bisherige Versagen aller Versuche, so genannte ›Gastarbeiterparlamente‹ oder Kulturkomitees zu bilden, deren Aufgabe die Lösung der Probleme der Ausländer sein soll. Denn diese Probleme sind letztlich Probleme der deutschen Gesellschaft, die nur in Zusammenhang mit den Deutschen und mit den Mitteln ihrer Gesellschaft gelöst werden können.«

José Moll Marqués: Die Selbstvertretung der Ausländer. In: E. Klee (Hg.): Gastarbeiter. Frankfurt/M. 1972

marktes, also im Bereich unsicherer, unqualifizierter, schlecht bezahlter Arbeit. Es wurden daher nicht einfach Arbeitskräfte angeworben, sondern ganz bewusst solche, die zu bestimmten Jobs passten oder diesen angepasst werden sollten.

Arbeitsmärkte sind also keineswegs für alle Menschen offen. Arbeitsmärkte sind Institutionen der Diskriminierung, weil sie *segmentiert* sind, weil bestimmte Gruppen nur Zugang zu bestimmten Teilarbeitsmärkten haben. Der Soziologe Werner Sengenberger hat für Deutschland von einer Aufteilung in betriebsinterne, fachliche und unstrukturierte Segmente gesprochen. Als die Migranten in den sechziger Jahren nach Deutschland kamen, waren die meisten Einheimischen bereits im fachlichen Segment qualifizierter Arbeit beschäftigt, für das die Gewerkschaften beachtliche Beschäftigungssicherheiten durchgesetzt hatten. Die ausländischen Arbeitskräfte wurden daher im unteren Bereich benötigt, dem so genannten »Jedermannsarbeitsmarkt«.

Problematische Gewerkschaftspolitik

In diesem Prozess der »Unterschichtung« war die Rolle der Gewerkschaften im Übrigen immer ein wenig zwiespältig. Zum einen konnten sie zwar von Beginn an für Migranten die gleiche Entlohnung durchsetzen. Auf der anderen Seite ließen die auf Facharbeiter ausgerichteten Gewerkschaften jedoch eine beachtliche Flexibilisierung der unqualifizierten Arbeitsbereiche zu – vor allem was

Fragwürdige Kampagne der IG Metall

Ausländische Kollegen aus den Stahlwerken von Peine und Salzgitter: Weder Rauschgifthändler, noch Zuhälter noch vorbestraft

(aus: metall 12/82, S. 11)

mögliche Entlassungen betraf. Zudem sorgte man durch Zustimmung zu tarifrechtlichen Maßnahmen dafür, dass die Migranten in den frühen sechziger Jahren zu keinem anderen Teilarbeitsmarkt Zugang erhielten. So wurden etwa möglicherweise vorhandene Ausbildungszertifikate der Einwanderer in Deutschland gewöhnlich nicht anerkannt. Ein wenig anders verlief die Anwerbung aus Jugoslawien seit 1968 – zum Teil wurden von dort ganz bewusst Facharbeiter in die Bundesrepublik geholt.

"Niedergeschlagen, veraugstig, unsicher, mutlos, pessimistisch und enttäuscht... Ausgezeichnet, das ist das, was ich mir unter einem Angestelltem vorstelle!"

Allerdings ergänzten sich die Jobanforderungen im Bereich unqualifizierter Arbeit und die Wünsche der Migranten, solange diese sich im Transit befanden. Die unsicheren Arbeitsplätze setzten eine weitgehende Mobilität und Bindungslosigkeit der Beschäftigten voraus. Da die »Gastarbeiter« ohnehin zur Rückkehr entschlossen waren, kamen sie in ihrer instrumentellen Haltung gegenüber ihrem Beruf dem Modell des »Homo oekonomicus« wahrscheinlich näher als irgendeine andere Gruppe von Beschäftigten. Zudem »entsprach« die mangelnde Qualifikation oder die Entqualifizierung der weitgehend anspruchslosen und vereinheitlichten, zumeist schweren körperlichen Tätigkeit in diesem Bereich.

»Um die deutschen Arbeitnehmer zu schützen, müssen alle gesetzlichen Möglichkeiten genutzt werden, um nicht benötigte ausländische Arbeiter nach Hause zu schicken. Wenn sie nicht freiwillig gehen, müssen die Vorschriften, die ihre Abschiebung zulassen, eben schärfer angewandt werden.«

DGB-Vorstandsmitglied Edmund Duda im *Stern* vom 13.2.1975

Solange die Migranten ihren Aufenthalt selbst für vorübergehend hielten, waren ihre Vorstellungen mit schlechten Jobs durchaus zu vereinbaren. Für eine Zukunft in Deutschland bedeutete diese Festlegung allerdings schlechte Startbedingungen.

Ein wenig Statistik

Dass »Ausländer« zum überwiegenden Teil die schlechten Jobs bekommen, zeigt sich auch an den Branchen, in denen sie arbeiten. Früher waren die meisten in der Industrie beschäftigt, heute findet man »Ausländer« oft im unteren Dienstleistungsgewerbe.

Nur bestimmte Branchen

Wirft man einen Blick auf die Struktur der »Gastarbeiter«-Beschäftigung bis 1973, so spiegelt sich allein in den Branchen die Eingliederung in den »Jedermannsarbeitsmarkt« wider. Im Jahre 1973 war jeder neunte Arbeitnehmer Ausländer; davon entfielen auf Eisen- und Metallerzeugung und -weiterverarbeitung 35,7 %, weitere 24,1 % auf das verarbeitende Gewerbe, 16,6 % auf den Baubereich. Die höchsten Anteile erzielten zu dieser Zeit der Hoch- und Tiefbau (21,9 %), das Gaststättengewerbe (20,5 %) und die Kunststoff-, Gummi- und Asbestindustrie (20,6 %). Dabei fand die »Unterschichtung« in Deutschland innerhalb der einzelnen Betriebe statt – im Gegensatz etwa zu den schon immer weit weniger regulierten Vereinigten Staaten, wo die Segmentierung zwischenbetrieblich verläuft, wo also ganze Betriebe bestimmten Bereichen zugeordnet werden können.

Wenig Veränderung

Die allgemeine Struktur der »Ausländerbeschäftigung« – wobei diese Bezeichnung im Jahr 2000 wohl kaum der treffende Ausdruck für ein reichlich uneinheitliches Phänomen ist – hat sich bis heute letztlich nicht wesentlich verändert. In diesem Sinne wird im »Bericht der Beauftragten der Bundesregierung für Ausländerfragen über die Lage der Ausländer« von 1997 eine »immer noch überproportionale Beschäftigung in besonders belastenden Berufen bei gleichzeitig stärkerer Repräsentanz im Dienstleistungs- bzw. Angestelltenbereich« festgestellt.

Dennoch zeigen sich eine Reihe von Veränderungen und Spaltungsprozessen.

Zunächst ist im Rahmen des Strukturwandels mit dem Rückgang der Zahl der Gesamtbeschäftigten in den traditionellen Industriebranchen auch die Zahl der Migranten zurückgegangen. Allerdings wurden die Migranten – entsprechend ihrer vorgesehenen Rolle – weit schneller entlassen als die Einheimischen. Im Verarbeitenden Gewerbe kam es zwischen 1980 und 1985 zu einem Rückgang von etwa einem Viertel; 331 000 Personen schieden aus. Zwischen 1992 und 1995 verringerte sich die Zahl der Migranten noch einmal um 150 000 Personen. Auch in Energie- und Bergbau verminderte sich die Quote rasant.

Gleich geblieben ist dagegen der Anteil im Baugewerbe, während in der Land- und Forstwirtschaft ein starker Anstieg zu verzeichnen ist. Zudem findet man erwartungsgemäß eine Zunahme der Beschäftigung von Migranten im Dienstleistungssektor. Neben dem Hotel- und Gaststättengewerbe, wo immer schon viele »Ausländer« arbeiteten, betrifft dies mittlerweile vor allem

»du politiker / von partei der / regierung und opposition / sagen mir: du / haben viele schulen / haben viele häuser / haben viel viel arbeit / du zufrieden / du gastarbeiter
ich sagen du / kommen zur mir / in mein knoblauchhaus mit füßen im wasser / und händen in feuer / schulen nix gut / für kinder von / gastarbeiter / aber ich vergessen / warum kinder von / gastarbeiter / brauchen lernen / sie gastarbeiter werden / sowieso.«

Tryphon Papastamelatos: sowieso. In: Bektas/Biondi/Chiellino/Naoum/Schami (Hg.): Das Unsichtbare sagen! Kiel 1983

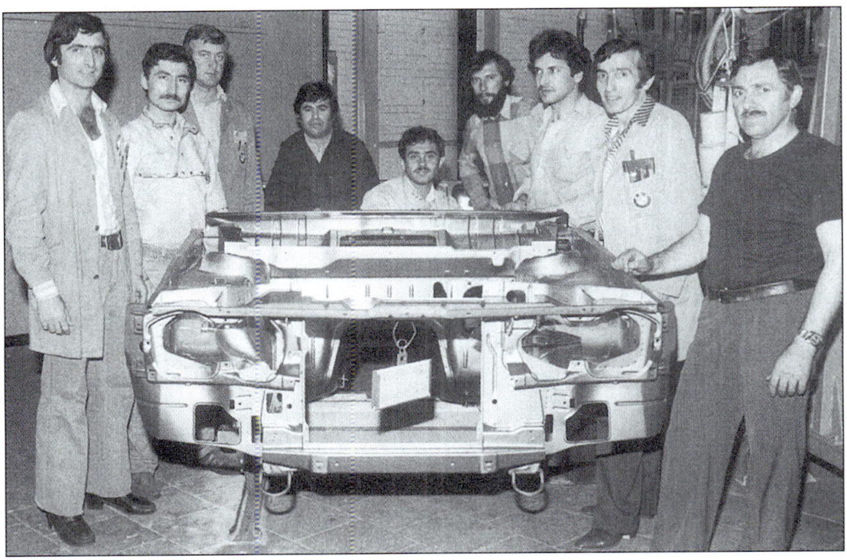

BMW München, sechziger Jahre

»Bei der Klassifizierung der Arbeiter nehmen die deutschen Arbeiter den ersten Rang ein. Danach kommen die Griechen, Italiener, Jugoslawen und Spanier. Auf der untersten Stufe stehen die Türken. Die schwersten und gefährlichsten Arbeiten sind für uns.«

Cemal Tümtürk (Arbeiter). In: Dursun Akcam: Deutsches Heim, Glück allein. Wie Türken Deutsche sehen. Göttingen 1982

Wäschereien und Reinigungen, das Friseurgeschäft sowie den Pflegebereich. Folgende Berufe weisen 1996 die höchsten Anteile von Migranten auf: 29,5 % Köche, 23,3 % Metallerzeuger- und bearbeiter (davon 28 % Schweißer), 25,4 % Montierer und Metallberufe, 24,3 % Gästebetreuer, 23,9 % Hilfsarbeiter, 23,9 % Kunststoffverarbeiter, 22,9 % Reinigungsberufe und 20,1 % Bergleute. Dabei ist der Frauenanteil insgesamt relativ hoch. Zum einen erwartungsgemäß in den »Frauenbereichen« Reinigung (68 %) und Kochen (45,8 %), zum anderen aber auch in den Montier- und Metallberufen – in der Elektromontage sind 71,3 % der Beschäftigten Frauen. Insgesamt lag die Frauenquote 1996 bei 34,2 %.

Unterschiede bezüglich der Herkunft

Es scheint nicht unbedingt ein Widerspruch zu bestehen zwischen der Arbeit in »besonders belastenden Berufen« (z. B. Metallindustrie) und der »Repräsentanz im Dienstleistungssektor« (z. B. Gaststättengewerbe), denn oft üben die Migranten auch in diesem Sektor die Jobs mit schlechter Entlohnung und unsicherem Status aus. Allerdings sind die Zahlen letztlich schwer zu interpretieren. Denn es ergeben sich durchaus markante Unterschiede bezüglich der nationalen Herkunft der Beschäftigten. So waren die Jugoslawen lange Zeit etwas weniger von der Unterschichtung betroffen als Arbeiter anderer Nationalitäten. Allerdings hat sich diese Situation durch

die während der neunziger Jahre nach Deutschland eingereisten Bosnien-Flüchtlinge verändert.

Darüber hinaus umfassen die Zählungen den Bereich der sozialversicherungspflichtigen Beschäftigung – hier machten »Ausländer« 1996 insgesamt 9,3 % aus (3,9 Millionen). Doch sind Migranten weit mehr als Einheimische von einem Prozess betroffen, der sie in Jobs ohne Absicherung drängt (Prekarisierung); ihr Anteil an diesem Bereich ging daher zwischen 1995 und 1996 um 2,4 % zurück (jener der Einheimischen lediglich um 1,0 %). Dieser Vorgang betrifft wiederum die verschiedenen Gruppen nicht in gleicher Weise: So verminderte sich die Anzahl der Beschäftigten türkischer Herkunft zwischen 1992 und 1995 um erschreckende 11,4 %. Schließlich zeigt sich das Phänomen der Unterschichtung auch in der Einkommensdifferenz zwischen Menschen mit Migrationshintergrund und Einheimischen. Hier ist die Schere sogar noch weiter auseinander gegangen: 1985 lag der Unterschied bei 15 %, zehn Jahre später bei 18 % (allerdings muss diese Zahl noch einmal nach Geschlecht aufgeschlüsselt werden; die Schere ist für Frauen bedeutend größer).

Zudem wurde die Unterschichtung durch die restriktive Ausländergesetzgebung der Bundesrepublik immer wieder ergänzt. Doch obwohl die staatliche Politik darauf gerichtet war, die Ansiedlung zu verhindern, fand diese vor allem in den siebziger Jahren ganz einfach statt. Daraus ergaben sich vor allem zwei Phänomene, die wiederum neue Entwicklungen nach sich zogen. Zum einen trat mit der Ansiedlung zum ersten Mal auch längerfristig Arbeitslosigkeit unter Migranten auf – zuvor bedeutete dieser Fall ja gewöhnlich die Rückwanderung. Zum anderen wuchsen die Nachkommen der Einwanderer heran und drängten ebenfalls auf den Arbeitsmarkt.

»Das oft beschworene Migrationsphänomen war für mich wirklich ein Phänomen: Das größte war die Tatsache, wie viele Familien es schafften, trotz aller Widerstände mit der Migrationsproblematik fertig zu werden.«

Lale Akgün über ihre Erfahrungen in der Erziehungsberatungsstelle der Stadt Köln. In: Eryilmaz/Jamin (Hg.): Fremde Heimat. Eine Geschichte der Einwanderung aus der Türkei. Essen 1998

Im Großen und Ganzen haben sich die wirtschaftlichen Unterschiede zwischen Einheimischen und Zuwanderern nicht verringert. Die Höhe des Einkommens ist aber auch wesentlich von der Herkunft der Migranten abhängig.

Arbeitslosigkeit und Selbständigkeit

Mit der Ansiedlung gab es unter Einwanderern zum ersten Mal Arbeitslosigkeit. Dabei leiden »Ausländer« weit mehr als Einheimische darunter, dass es in der Bundesrepublik keine Vollbeschäftigung mehr gibt. Ihre Arbeitslosenquote liegt zum Teil doppelt so hoch.

Deutlich höhere Arbeitslosenquote

Dass die Arbeitslosigkeit im Falle der Ansiedlung ein erhebliches Problem darstellen würde, das war zu erwarten. Das Konzept der Ausländerbeschäftigung war ganz bewusst als »Puffer« für die einheimischen Arbeitskräfte gedacht – im Falle zurückgehender Nachfrage wurden Migranten als Erste entlassen –, und deshalb fand man Zuwanderer hauptsächlich in den »veralteten« Industriezweigen, die seit Mitte der Siebziger ganz besonders von der Strukturkrise betroffen waren.

Änderungsschneiderei, Frankfurt/M. 1969

Seitdem die Massenarbeitslosigkeit in der Bundesrepublik zur Normalität geworden ist, liegt die Arbeitslosenquote der Migranten regelmäßig deutlich höher als jene der Eingeborenen. 1982 beispielsweise betrug die allgemeine Quote 8,2 %, jene der Migranten jedoch 12 %. Dieses Verhältnis hat sich seitdem eher verschärft: 1996 gab es in Deutschland insgesamt 10,1 % Arbeitslose, doch 18,9 % unter den Personen mit Einwanderungshintergrund. Dabei war im gleichen Jahr der Wert für Arbeitslose ohne abgeschlossene Schulbildung bei den Einheimischen (38,3 %) sogar nur halb so hoch wie bei den Migranten (78,2 %). Und wiederum ergeben sich Unterschiede bezüglich der jeweiligen nationalen Gruppen: Die meisten Arbeitslosen sind mittlerweile türkischer Herkunft (24,4 %), gefolgt von jenen italienischer (20,6 %) und griechischer (19,0 %) Abstammung. Bei den Personen jugoslawischer Herkunft dagegen liegt die Zahl mit 11,1 % recht nahe an der Gesamtquote.

Vor allem in den neunziger Jahren wurden die klassischen Arbeitsmigranten und ihre Nachkommen in ein Ausschluss- und Konkurrenzsystem eingebunden. Mit den einheimischen Arbeitskräften im qualifizierten Arbeitsmarktbereich kann der überwiegende Teil der Migranten weiterhin überhaupt nicht konkurrieren. Wenn auch ein Teil in Facharbeiter- und Angestelltenpositionen aufgestiegen ist, bleibt dieses Segment doch immer noch ziemlich unzugänglich. Direkte Konkurrenz besteht nur zu den einheimischen Arbeitskräften im unteren Segment. Doch hier zeigt sich ebenfalls, dass die Einheimischen durchschnittlich weit länger beschäftigt bleiben. Selbst in diesem Segment werden »Ausländer« – sei es aufgrund von Zuschreibungen, sei es aufgrund ihrer schlechten Verhandlungsposition – benachteiligt.

Darüber hinaus sind in den letzten Jahren in Asylbewerbern und so genannten Illegalen buchstäblich »billigere« Konkurrenten hinzugekommen. Daher wundert es auch nicht, dass die eingesessenen Migranten hier ähnliche Abgrenzungsstrategien einsetzen wie die Einheimischen ihnen gegenüber. In Hussi Kutlucans Film

»Fast immer bin ich gegen deutsche Erfolge bei internationalen Fußballspielen. (...) Diese Haltung resultiert in erster Linie aus Erfahrungen, die ich als ›Gastarbeiterkind‹ in Deutschland gemacht habe. Noch heute wette ich selbst in aussichtslosen Situationen gegen Bundesligateams, was mich schon viel Geld gekostet hat. Und wenn es zu Spielen zwischen ›Gastarbeiterländer‹-Mannschaften und deutschen Teams kommt, halte ich aus ›Migrantensolidarität‹ immer zu ersteren, weil ich vermute, dass Guiseppe oder Alfonso am nächsten Tag irgendwo in Deutschland einen coolen Spruch loslassen werden. Ja, ja, naiv und politisch bedenklich ...«

Imran Ayata: Sabri Abis Männercafé. In: Mayer/Terkessidis (Hg.): Globalkolorit. St. Andrä-Wörden 1998

»Trotzdem kommt man mit den heutigen Scheinbemühungen nicht weit. Wer es an diesem Punkt ernst meint, muss noch zuverlässigere und haltbarere Ansätze finden. Vor allem muss er sich daran gewöhnen, die Subjekte der Integration als Gegenüber zu betrachten. Ihre Ansichten und Meinungen müssen berücksichtigt werden. (...) Die Wesen, deren Anpassung gewünscht wird, sind nicht aus Stein, kein Schnittholz und erst recht keine zu hütenden Tiere. Auch sie sind Menschen, so wie die deutschen Bürger und Integrationsexperten.«

M. Kamil Yilmaz (Student). In: Dursun Akcam: Deutsches Heim, Glück allein. Wie Türken Deutsche sehen. Göttingen 1982

»Ich Chef, Du Turnschuh« nimmt der Regisseur türkischer Herkunft die Mitglieder seiner Community auf die Schippe, die gegenüber »Asylanten« ihre Zugehörigkeit zu Deutschland betonen oder die sich im eigenen Lokal ununterbrochen als »Chef« aufspielen.

Das eigene Unternehmen

Die Erwähnung des »eigenen Lokals« verweist auf eine weitere Folgeerscheinung von Ansiedlung: In den Siebzigern begannen die ersten Migranten, sich selbständig zu machen. Es waren Gruppen mit spezifischen Konsumbedürfnissen entstanden, welche in der Bundesrepublik damals noch nicht bedient wurden. Zudem konnte man auch der einheimischen Bevölkerung bestimmte bislang unbekannte »kulturelle Produkte« anbieten (etwa Pizza, Gyros, Döner). Oftmals war der Weg in die Selbständigkeit eine Folge des Arbeitsplatzverlustes. So fand das Zentrum für Türkeistudien in einer Befragung heraus, dass die meisten Unternehmensgründer in Großhandel und Gastronomie zuvor arbeitslos waren. Insofern fällt die Entstehung der ersten Dönerbuden in Berlin, wie Eberhard Seidel-Pielen in seiner Dönergeschichte »Aufgespießt« schreibt, nicht ganz zufällig ins Jahr des Anwerbestopps, 1973. Doch selbstverständlich hat für viele Migranten auch der Wunsch nach Unabhängigkeit und einem höheren sozialen Status eine Rolle gespielt.

Die meisten Migranten haben sich in der Gastronomie selbständig gemacht, und diese Branche hat bis heute ihre Spitzenposition nicht verloren. Danach folgen Einzel- und Großhandel, schließlich die Bereiche, in denen eine höhere Qualifikation der Gründer erforderlich ist, wie etwa das Handwerk. In den letzten Jahren konnten einige Migranten auch in der Reisebranche Fuß fassen – das bekannteste Beispiel ist sicher Vural Öger. Insgesamt beträgt der Anteil der Selbständigen in der »ausländischen« Bevölkerung mittlerweile 7,38 %. Dies liegt zwar unter der Quote der Einheimischen (9,42 %), doch lässt sich seit 1985 eine zunehmende Angleichung beobachten. Die meisten Selbständigen sind italienischer Her-

Eines der ersten und heute größten Unternehmen für Wurst- und Fleischwaren türkischer Art in der Bundesrepublik

kunft, etwa 45 000, dicht gefolgt von den 40 500 Unternehmern türkischer Abstammung.

Auch beim Weg in die Selbständigkeit waren die Startbedingungen für Migranten ungleich. In den siebziger Jahren galten vor allem für Nicht-EU-Ausländer erhebliche Beschränkungen. Selbst wenn eine unbefristete Aufenthaltserlaubnis vorlag, blieben Zulassungen immer noch von der Wahrnehmung der »gesamtwirtschaftlichen Interessen« durch die jeweilige kommunale Behörde abhängig. Qualifikationsanforderungen bildeten ebenfalls Barrieren. Heute sind solche Hürden zwar geringer geworden, doch hält eine weit verbreitete Distanz zu den Behörden viele Migranten davon ab, ihre Möglichkeiten voll auszuschöpfen. So konnte das Zentrum für Türkeistudien zeigen, dass etwa 80% der Unternehmensgründer vor dem Start in die Selbständigkeit nicht über öffentliche Fördermittel informiert waren.

An der spezifischen Struktur der Selbständigkeit von Migranten zeigt sich, dass es sich im Großen und Ganzen um eine eher marginale Unternehmerschaft handelt.

Die Ansiedlung brachte auch eine höhere Zahl von Unternehmensgründungen mit sich. Oft waren die Startbedingungen sehr schwierig. Die meisten Migranten haben sich in der Gastronomie selbständig gemacht.

Die »zweite Generation«

Zwar hat sich die schulische Situation der Migrantenjugendlichen in den letzten zwanzig Jahren verbessert, doch der Abstand zu den Einheimischen wurde kaum verringert. Die Diskriminierung bei der Suche nach einem Ausbildungsplatz ist weiterhin groß.

Strukturelle Diskriminierung

»Die Bilder, die von uns entworfen werden, zeigen uns als Unterlegene, Unterwürfige und Passive. Entsprechend vermittelt uns auch das Bildungssystem in diesem Land kein Selbstbewusstsein. Das fängt schon mit der Zuschreibung ›mangelndes Deutsch‹ an, die als Abwertungskriterium für die Einstufung auf dem Arbeitsmarkt fungiert und gleichzeitig als Maßstab für Intelligenz einsetzbar ist.«

FeMigra (Feministische MigrantInnen, Frankfurt): Wir, die Seiltänzerinnen. In: Eichhorn/Grimm (Hg.): Gender Killer. Berlin 1994

Was die Nachkommen der Arbeitsmigranten betrifft, die so genannte »zweite Generation«, war deren Situation in den ausgehenden siebziger Jahren nicht rosig. Trotz Schulpflicht besuchten nur zwei Drittel der Jugendlichen staatliche Lehranstalten. Von diesen wiederum erreichte nur ein Drittel den Abschluss an einer Hauptschule. Freilich verbesserte sich die Situation langsam, wenn auch 1983 immer noch jeder Dritte ausschied, ohne die Hauptschule beendet zu haben. Diese Zahl reduzierte sich bis 1995 weiter auf 15,4%, wobei diese Quote allerdings immer noch etwa doppelt so hoch wie jene der Einheimischen lag.

Mit der Zeit stieg auch die Rate der Schüler auf höheren Schulen – zwar schloss Mitte der Neunziger der mit Abstand größte Teil der Jugendlichen mit Migrationshintergrund immer noch eine Hauptschule ab (42,9 %), doch 27,3 % beendeten nun auch die Realschule und 8,9 % machten das Abitur. Allerdings hielt der allgemeine Trend zur Verbesserung, wie der Bericht der Ausländerbeauftragten kürzlich feststellte, nicht an: Seit 1992 stieg nur noch der ohnehin im Vergleich zu den Einheimischen doppelt so hohe Anteil der »ausländischen« Schüler, die eine Sonderschule besuchen. Im Übrigen ergeben sich auch hier Unterschiede zwischen den Nationalitäten – am schlechtesten schneiden in der Bildungsbilanz die Jugendlichen italienischer und türkischer Herkunft ab.

Die Verbesserung der Bildungssituation lässt sich

jedoch nur im Kontext des »Fahrstuhleffektes« (Ulrich Beck) interpretieren. Denn in der gleichen Periode haben sich auch die Bildungsabschlüsse der einheimischen Schüler verbessert, so dass im Vergleich der Abstand keineswegs verringert wurde. Bei den Einheimischen schließen 41 % mit mittlerer Reife ab, und jeder Vierte erhält das Abitur. Dadurch wurde der Hauptschulabschluss schleichend entwertet, was den Zugang zu den knappen Ausbildungsplätzen selbstverständlich erschwert. Weitere Hürden kommen hinzu. So konnte die Erziehungswissenschaftlerin Ursula Boos-Nünning drei weitere Merkmale einer strukturellen Diskriminierung aufzeigen.

In Interviews, die sie mit Ausbildern und potentiellen Arbeitgebern geführt hat, stellte sich zum Ersten heraus, dass diese ein ungünstiges Bild von den Jugendlichen nichtdeutscher Herkunft haben. Man attestiert ihnen schlechtes Sprachvermögen und Mängel im fachlichen Wissen. Zudem fehle ihnen kulturelles Hintergrundwissen – immer wieder thematisierten Boos-Nünnings Gesprächspartner die »fremden« Sitten und den unterschiedlichen familiären Hintergrund. In diesem Sinne werden die Jugendlichen nichtdeutscher Herkunft, die einen Ausbildungsplatz erhalten, als Ausnahmen dargestellt; sie machen keine Probleme, weil sie »wie Deutsche« sind.

»Kennen Sie *den* türkischen Vater? Nein? Jeder deutsche Sozialarbeiter (natürlich auch jede deutsche Sozialarbeiterin) kennt den türkischen Vater! Er ist eine Mischung aus Rambo und Tarzan, spricht kein Deutsch (ich Vater, du Sozialarbeiter), weiß nicht, dass er in Deutschland lebt, wo er die deutschen Gesetze respektieren muss; er ist gewalttätig, unzivilisiert und unberechenbar. Frauen respektiert er grundsätzlich nicht und droht allen mit dem Tod!«

Lale Akgün: Wo ist der Doktor? In: Eryilmaz/Jamin (Hg.): Fremde Heimat. Eine Geschichte der Einwanderung aus der Türkei. Essen 1998

Göppingen 1965: Von der ersten Generation türkischer SchülerInnen in Deutschland bis zu den Studenten und Akademikern von heute liegt ein weiter Weg.

Eine zweite Zugangsbarriere sieht Boos-Nünning in der Abschottung von Arbeitsmärkten aufgrund von »Tradition«. In der Bundesrepublik werden Ausbildungsplätze sehr häufig durch Beziehungen vergeben – in den mittelständischen Betrieben ebenso wie in den Großunternehmen. Oft sind Familienmitglieder oder Bekannte bereits im Betrieb tätig. Insofern spielen weniger Qualifikationen eine Rolle, sondern die Einbindung in informelle Netzwerke. An diese sind Migranten jedoch gewöhnlich nur ungenügend angeschlossen.

Eine dritte Hürde sieht die Forscherin in der konfessionellen Orientierung der in Deutschland ziemlich bedeutsamen sozialen Dienste. Tatsächlich werden die meisten dieser Dienste von den christlichen Kirchen betrieben, welche für die Anstellung ein Bekenntnis voraussetzen. Diese Vorgehensweise verschließt praktisch den kompletten Arbeitsmarkt für Erzieher, Sozialpädogogen und -arbeiter oder Psychologen für Bewerber mit muslimischem Glauben.

Die Folgen der Ausgrenzung

Angesichts solcher Ausgrenzungsprozesse ist es kaum verwunderlich, dass 1995 43 % der Jugendlichen nichtdeutscher Herkunft keinen Ausbildungsplatz erhielten. Die strukturelle Seite dieses Problems wird dabei zumeist nicht beachtet. Sogar Gewerkschaftler suchen die Ursachen bei den Jugendlichen selbst. In einer 1999 erschienenen Broschüre des DGB über die »Herausforderungen an gewerkschaftliche Migrationspolitik« (»... es kommen Menschen«) wird als Erklärung für die Kluft zwischen verbesserter schulischer Qualifikation und dem Misserfolg bei der Beschäftigung zunächst »die oftmals geringe Motivation der Betroffenen« genannt.

Zudem wirken sich die Schließungsprozesse auch auf die Art der Ausbildungsplätze aus, in denen Jugendliche mit Migrationshintergrund einen Beruf erlernen. Das Spektrum ist sehr eng und stark nach Geschlecht getrennt. Die jungen Frauen lernen in großer Zahl Friseurin, Arzt- oder Zahnarzthelferin, während die jungen Männer oft in Ausbildungen als Kraftfahrzeugmechaniker, Installateur, Maler oder Lackierer unterkommen. In den zukunftsträchtigen Branchen des Kommunikations- und Dienstleistungssektors oder auch im öffentlichen Dienst findet man dagegen nur wenige Jugendliche nichtdeutscher Herkunft.

Aber die Ausgrenzungen haben noch weit mehr Konsequenzen. Denn es handelt sich dabei um einen Entzug von Lebenschancen, der eine verhängnisvolle Spirale von Problemen in Gang setzte. Beispielsweise wird oft darauf hingewiesen, dass die Abbrecherrate in der Ausbildung bei Migrantenjugendlichen weit höher sei als bei gleichaltrigen Einheimischen. Während auch dies wieder den Jugendlichen in die Schuhe geschoben wird, sind sie ganz einfach auf Branchen festgelegt, in denen die generelle Abbrecherrate hoch ist. Da sie ohnehin kaum Aussichten auf einen der besseren Ausbildungsplätze haben, wird ihnen bereits bei der Berufsberatung zur Entscheidung zu »traditionelleren« Jobs geraten. Zudem sind die Eltern oft aufgrund des eigenen Hintergrunds in der Bundesrepublik kaum in der Lage, die Grundlagen für einen Aufstieg zu schaffen. Die meisten jugendlichen Migranten wollen dem »Schicksal« ihrer Eltern entkommen, aber die realen Bedingungen sind zumeist demotivierend.

Etwa 40% der Jugendlichen stehen weder in einem schulischen noch in einem beruflichen Ausbildungsverhältnis, noch kommen sie als ungelernt Tätige der

»Wir haben in Deutschland fast eine Million ausländische Kinder, davon bestimmt dreihunderttausend türkische Kinder, also dieser Kinderreichtum, wissen Sie! Wenn alle ausländischen Kinder einen Beruf gelernt haben würden, dann kann gerade das für sie Arbeitslosigkeit bedeuten, weil sie dann typische Ausländerjobs gar nicht mehr kriegen, weil sie gelernte Arbeitskräfte sind.«

Sinasi Dikman: Hurra, ich lebe in Deutschland. Satiren. München 1995

»Eine typische Situation: Tauchen im Zug – egal, ob zwischen Köln und Bonn oder zwischen Ludwigsburg und Stuttgart – Polizisten auf, werde unter Garantie ich kontrolliert. Ich und meinesgleichen, wir sind ein Sicherheitsrisiko für Deutschland, verursachen Masseneinwanderung und spalten die Gesellschaft – von der Straffälligkeit und den mangelnden Deutschkenntnissen gar nicht zu reden.«

Cem Özdemir: Currywurst und Döner. Integration in Deutschland. Bergisch Gladbach 1999

Berufsschulpflicht nach – sie sind quasi »Drop Outs«. Das bedeutet, dass weit mehr als ein Drittel vom regulären Erwerbsleben ausgeschlossen ist. So produzieren die verschiedenen Ausgrenzungsmechanismen auch eine hyperflexible Hilfsarbeiterbevölkerung. Angesichts dieser Situation, schrieb Wolfgang Nieke von Institut für Migrationsforschung in Essen, würden den Jugendlichen vornehmlich zwei Möglichkeiten bleiben: Entweder eine individuelle Bewältigung durch Anpassung und Rückzug oder ein »Eintauchen in so etwas wie eine ›Überlebenssubkultur‹ am Rande der Gesellschaft und am Rande der Kriminalität, gekennzeichnet durch illegale Beschäftigungsverhältnisse und Aktionen zur Sicherung des elementaren Lebensunterhalts, um von der Unterstützung durch die Familie unabhängig zu werden.«

Kriminalisierung

Die Tätigkeit in der »Schattenwirtschaft« führt jedoch zwangsläufig zu einer verstärkten *Kriminalisierbarkeit* der Jugendlichen. Die »Überlebenssubkulturen« sind oft mit bestimmten Formen der Kleinkriminalität eng verkoppelt. Daher richten sich die Bemühungen der Polizei

Focus, Titel vom 28.7.1997, und Spiegel, Titel vom 14.4.1997

insbesondere in den Städten mittlerweile vornehmlich auf die Gruppe der jungen »Ausländer«. Diese Beobachtung von Seiten der Polizei zeigt sich auch daran, dass die Anzahl der Tatverdächtigen – dabei werden »Ausländer« ohnehin weitaus öfter angezeigt als Einheimische – regelmäßig um einiges über jener der Verurteilungen liegt. Zudem steigt mit der dauernden Beobachtung zwangsläufig auch die Kriminalitätsbelastung: Je mehr man kontrolliert, desto mehr findet man auch. Die Quote »ausländischer« Jugendlicher in Jugendvollzugsanstalten ist mittlerweile überproportional hoch. Doch wird auch die Kriminalität nicht als Effekt von struktureller Ausgrenzung und der nachfolgenden Kriminalisierung einer bestimmten Gruppe gesehen: Die Jugendlichen werden gewöhnlich selbst dafür verantwortlich gemacht.

Manche Forscher sehen in der Kriminalisierung eine Art »Disziplinierung« – die Polizei und andere Organe der Strafrechtspflege würden die Jugendlichen quasi auf »ihren Platz« am Rand verweisen. Dabei nehmen die Maßnahmen der Behörden zum Teil drakonische Formen an: 1998 wurde der in Deutschland geborene 14-jährige »Mehmet«, der mehrfach straffällig geworden war, in die Türkei abgeschoben. Im Fall »Mehmet« dient die Kriminalität offenbar auch als letztes Mittel, um selbst am Ende des Jahrtausends noch unliebsame »Ausländer« aus Deutschland und damit auch vom deutschen Arbeitsmarkt zu entfernen. Dass diese Möglichkeit weiterhin besteht, hat mit der spezifischen rechtlichen Situation von »Ausländern« in der Bundesrepublik Deutschland zu tun.

»Wenn die jungen Leute das erste Mal im Gefängnis landen, sind sie sogleich mit einem wichtigen Problem konfrontiert, nämlich der Frage, ob sie nach Strafverbüßung in die Türkei abgeschoben werden. Ist die Freiheitsstrafe rechtskräftig geworden und entscheidet die Ausländerpolizei, den Jugendlichen nach Verbüßung der Strafe in die Türkei abzuschieben, wird das Leben in der Haft noch schlimmer. (...) Die zur Abschiebung vorgesehenen Gefängnisinsassen sind Häftlinge zweiter Klasse!«

Metin Gür: Warum sind sie kriminell geworden? Essen 1990

Durch die strukturelle Ausgrenzung wird ein hoher Anteil von Jugendlichen produziert, die sich in »Überlebenssubkulturen« bewegen. Diese »Drop Outs« unterliegen einer ständigen Beobachtung durch die Polizei. So werden sie an den Rand gedrängt und gleichzeitig als Bedrohung inszeniert.

Die deutsche Abstammungsgemeinschaft

Das hiesige Staatsbürgerrecht basiert auf deutscher Abstammung. Insofern stimmt die Behauptung, Deutschland sei kein Einwanderungsland, zwar nicht mit den Tatsachen, wohl aber mit dem rechtlichen Selbstverständnis der Bundesrepublik überein.

»Das Staatsbürgerschaftsrecht der europäischen Staaten basiert entweder auf dem Geburtsort (jus soli) oder auf der Abstammung (jus sanguinis). Allerdings sind fast überall Elemente von beidem vorhanden, auch wenn eins dominiert. Großbritannien, die Niederlande, Frankreich und Belgien stützen sich überwiegend auf das jus soli, das heißt, im Lande geborene Ausländer können bei der Volljährigkeit die Staatsangehörigkeit erwerben, im Lande geborene Kinder, bei denen ein Elternteil ebenfalls im Lande geboren ist, sind von der Geburt an Staatsbürger. Deutschland und die Schweiz stützen sich auf das jus sanguinis, das heißt, im Lande geborene Ausländer müssen sich einbürgern lassen, um die Staatsbürgerschaft zu erwerben.«

Saskia Sassen: Migranten, Siedler, Flüchtlinge. Frankfurt/M. 1996

Das Staatsbürgerrecht

Die Bundesrepublik hat sich mit dem dauerhaften Aufenthalt von Migranten so schwer getan wie kaum ein anderes Einwanderungsland. Selbst als sich eine Rückkehr der Migranten als unrealistisch erwies, hielten die Behörden an der Vorstellung fest, bei den Menschen mit Migrationshintergrund handele es sich um eine Gruppe von »Fremden« auf der Durchreise. Auch als sich zeigte, dass immer wieder neue Migranten zum Arbeiten nach Deutschland kommen würden, hielten die Behörden an einer weiteren Fiktion fest, nämlich dass die Bundesrepublik kein Einwanderungsland sei. Dieses seltsame Selbstverständnis fußt in erster Linie auf einem institutionell festgelegten völkischen Staatsverständnis.

Bis in die neunziger Jahre galt ungebrochen das so genannte »jus sanguinis«, welches die Staatsbürgerschaft an die Abstammung koppelte – also ans Blut. Das Abstammungsprinzip wurde 1913 im »Reichs- und Staatsangehörigkeitsgesetz« kodifiziert und 1949 im Artikel 116 des Grundgesetzes für die Bundesrepublik noch einmal bestätigt. Dort wurde vor allem im Hinblick auf Flüchtlinge und Vertriebene aus dem Osten das Kriterium der »Volkszugehörigkeit« eingeführt. Das »ius sanguinis« ist auch heute noch nicht prinzipiell aufgehoben, sondern nur ergänzt worden. Das Gesetz bestimmt das Staatsvolk der Bundesrepublik als ethnisch homogene Abstammungsgemeinschaft. Insofern widerspricht die Fiktion von den »Fremden« auf dem eigenen Territorium sowie jene vom Nichteinwanderungsland zwar den tatsächlichen Gegebenheiten, letztlich jedoch nicht dem rechtlichen Selbstverständnis der Bundesrepublik.

Eine direkte Folge aus dieser grundlegenden Auffassung vom Charakter des Staates war, dass die Einwanderer von vornherein einem rechtlichen Sonderstatus unterworfen wurde. In den fünfziger Jahren regierte bzw. regulierte man die »Ausländer« mit Hilfe von Verordnungen, 1965 verabschiedete der Bundestag ein erstes Ausländergesetz. Auch als sich Mitte der siebziger Jahre herausstellte, dass ein unumkehrbarer Prozess der Ansiedlung stattgefunden hatte, trat keine wesentliche Änderung ein. Zwar erkannten die Behörden die Berechtigung der »Ausländer« auf eine gewisse Statussicherheit an – jedoch nicht im rechtlichen, sondern bloß in einem moralischen Sinne.

»Auch eine andere Einstellung der Deutschen ist nicht zu verstehen. Sie tun alles, um die Türken von sich fern zu halten, und beschweren sich anschließend, dass ›die Türken sich nicht integrieren wollen‹. Um diese so genannte Integration zu gewährleisten, haben sie illusionäre Pläne. Eine Reihe von Menschen, die die Ausländer in ihrem Land nicht kennen, entwickeln Programme und Projekte und führen sie durch. In Luxushotels und Kurorten werden diese Aktivitäten zu einem schönen Urlaub für die Integrationsexperten.«

M. Kamil Yilmaz (Student). In: Dursun Akcam: Deutsches Heim, Glück allein. Wie Türken Deutsche sehen. Göttingen 1982

Moral statt Recht

In der ersten Ausformulierung des Integrationskonzepts – einer Rede des Ministerialamtsleiters Wolfgang Bodenbender 1976 – wurde »Ausländern« ein »moralischer An-

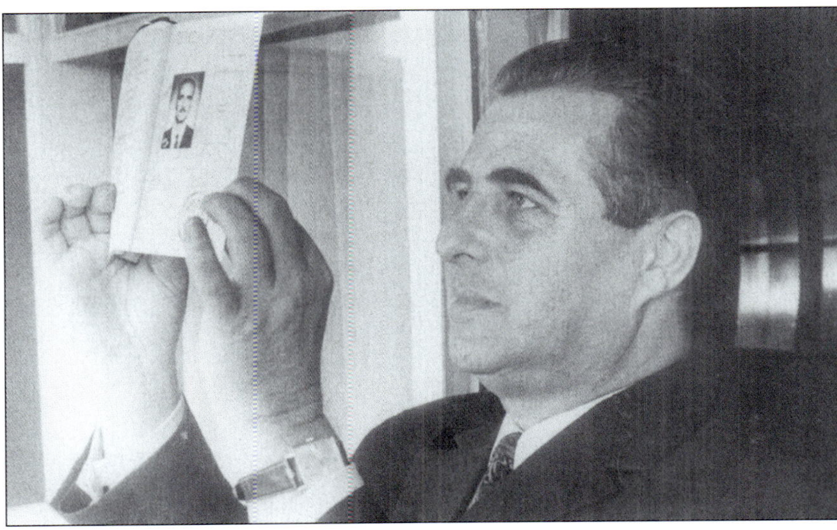

»Ich will (...) in die Schweiz reisen. Im Sommer 1999, das heißt genau in fünf Jahren. So lange dauern mindestens die Vorbereitungen für ein Visum in die Schweiz. Das Visum ist eine Erfindung der Europäer, um sich diese lästigen Türken vom Leibe zu halten, und es hat die gleiche Funktion wie ein Moskitonetz. Wenn man es aufspannt, wird man von keinem Moskito ... eh, Türken mehr belästigt. Die qualitativ besten europäischen Netze gegen Türken haben Deutschland, Österreich und die Schweiz entwickelt.«

Osman Engin: Dütschlünd, Dütschlünd übür üllüs. Berlin 1994

spruch« zugestanden, »auch in wirtschaftlich schlechteren Zeiten in die Gesamtsolidarität mit der deutschen Bevölkerung eingebettet zu bleiben und nicht als hin- und herschiebbare Reservearmee missbraucht zu werden«. In diesem Sinne geschah in rechtlicher Hinsicht im Grunde fast nichts – die Trennung zwischen »Ausländern« und Deutschen blieb in vollem Umfang erhalten. Allein ethisch fühlte man sich zu einem gewissen Gemeinsinn verpflichtet. Letztlich entsprach diese Auffassung bereits der herrschenden Politik, welche »Ausländer« zwar nicht als Rechtssubjekte anerkannte, aber eine schleichende Einbindung in die sozialen Sicherungssysteme der Bundesrepublik betrieb. Dieses Vorgehen erlaubte es, die »Ausländer« weiter auszugrenzen, während man gleichzeitig hervorheben konnte, dass man seine »Gäste« überaus zuvorkommend behandeln würde.

Die Begünstigung von Moral gegenüber Recht, die jedoch zum Nachteil der Migranten ausfiel, zieht sich durch die gesamte Geschichte der Einwanderung. Bis heute existiert in der Bundesrepublik kein Einwanderungsgesetz, also praktisch keine legale Möglichkeit, sich hierzulande anzusiedeln. Nichtsdestotrotz sind in den Jahrzehnten nach dem »Anwerbestopp« Millionen Einwanderer nach Deutschland gekommen – mangels anderer Optionen seit den mittleren achtziger Jahren vor allem via Asylantrag. Auch hier führt ein Mangel an Verrechtlichung zu einer moralischen Aufladung der Einwanderung, denn bekanntlich gilt das Asyl ja als besondere humanitäre Zusatzleistung gegenüber politisch Verfolgten.

Explosive Stimmung

Bild Seite 57: Heinz von Harrasowski, 1970 bis 1976 Leiter der Deutschen Verbindungsstelle in Istanbul, bei der Prüfung eines Reisepasses

Der Aufenthalt vieler Einwanderer wird de facto an moralische Gründe gekoppelt. Bei der einheimischen Bevölkerung sorgt dies jedoch unwillkürlich für eine explosive Stimmung. Denn während die rechtliche Seite zumeist völlig unsichtbar bleibt – viele der einheimischen Deutschen wissen erstaunlich wenig über die staatsbürgerlichen Voraussetzungen des Landes, in dem sie leben –, erscheinen die Bedürfnisse und Forderungen der Migranten permanent als Überstrapazierung des Gemeinwohls. Wie oft hat man etwa als Argument gegen die Aufnahme weiterer Asylbewerber den Einwand gehört, die Bundesrepublik könnte ja schließlich nicht die Probleme der gesamten Welt lösen. Einheimische, die sich für die Rechte von Migranten einsetzen, müssen sich von konservativer Seite immer wieder anhören, sie seien moralisierende und weltfremde »Gutmenschen«.

AUSLÄNDER WAHLRECHT

Auch Rassismus wird folgerichtig nicht als strukturelles Problem aufgefasst, sondern – zumal im Hinblick auf die nationalsozialistische Vergangenheit – vielmehr als sittliches Versagen: als Bruch in der eigentlich positiven Selbstauffassung. Die Kampagnen gegen »Ausländerfeindlichkeit« haben ebenfalls den Charakter moralischer Appelle, während die Antidiskriminierungsgesetzgebung der Bundesrepublik weit hinter der anderer Staaten zurückbleibt. Zudem müssen sich auf der anderen Seite die »Ausländer« als ethisch einwandfreie Subjekte erweisen – »Fundamentalismus« oder »Asylbetrug« erschienen da manchmal nahezu als narzisstische Kränkungen.

Mit dem »Ausländergesetz« wurde für die Migranten praktisch ein Sonderrecht eingeführt. Auch nach der Ansiedlung hat keine rechtliche Anerkennung stattgefunden. Ansprüche von Einwanderern wurden immer nur auf moralischer Ebene verhandelt.

Die Belange der Bundesrepublik Deutschland

Die ersten gesetzlichen Regelungen bezüglich des Aufenthalts von Migranten in der Bundesrepublik waren ein schierer Rückgriff. Mit Beginn der Einwanderung setzten die Behörden unter anderem die »Ausländerpolizeiverordnung« aus dem Jahre 1938 wieder in Kraft.

Die Regelungen von 1933 und 1938

»Seit 14 Jahren arbeite ich in diesem Land. Ich habe mich stark angestrengt. Aber zu dieser Gesellschaft habe ich keinen Zugang gefunden. Mit diesen Menschen bin ich nicht warm geworden. Je mehr ich mich abmühte, desto eher wurde ich wie eine ausgepresste Zitrone weggeworfen. Ich habe mich stets wie ein unliebsamer Sklave, wie ein Komparse gefühlt, der von der Bühne gestoßen wird. Diese Gesellschaft akzeptiert die Türken, die Menschen, unsere Menschen nicht. Diese Tatsache habe ich erst sehr spät begriffen.«

Cemal Tümtürk (Arbeiter). In: Dursun Akcam: Deutsches Heim, Glück allein. Wie Türken Deutsche sehen. Göttingen 1982

Erstaunlich bedenkenlos wurden in den fünfziger Jahren Verordnungen aus der Weimarer Republik und auch aus dem »Dritten Reich« wieder installiert: Die »Verordnung über ausländische Arbeitnehmer« von 1933 und die »Ausländerpolizeiverordnung« (AVPO) aus dem Jahre 1938. Erstere Verordnung wurde vom Arbeitsminister der Regierung Schleicher, Friedrich Syrup, am 23. Januar 1933 herausgegeben. Es handelte sich um eine Gesetzgebung unter dem Eindruck der Krise. Die Regierung wollte angesichts der Massenarbeitslosigkeit den Arbeitsmarkt in erster Linie vor Einwanderung schützen. Dabei wurde die Ausgabe von »Arbeitskarten« allein den Landesarbeitsämtern übertragen, was zu einer weiteren Zentralisierung führte: So sollte die »Verteilung« und Überwachung der Ausländer flexibilisiert werden. Diese Regelungen schlossen an die Neuordnung der Arbeitsverwaltung von 1927 an, bei der das bis heute geltende »Inländerprimat« verankert wurde – also der unbedingte Vorrang der einheimischen vor ausländischen Arbeitern.

Die »Ausländerpolizeiverordnung« des nationalsozialistischen Deutschland war der Nachfolger der preußischen APVO von 1932. Letztere formulierte vor allem die Gründe für die Ausweisung von Ausländern und zentralisierte diesbezügliche Entscheidungsbefugnisse. Die APVO von 1938 machte den Aufenthalt von Ausländern grundsätzlich vom Kriterium der »Würdigkeit« abhängig. »Der Aufenthalt im Reichsgebiet«, so konnte man im Reichgesetzblatt lesen, »wird Ausländern erlaubt, die nach ihrer Persönlichkeit und dem Zweck ihres Aufenthaltes im Reichsgebiet die Gewähr bieten, dass sie der ihnen gewährten Gastfreundschaft würdig sind.«

Tatsächlich nahm das normative Element der »Würdigkeit« die zuvor festgelegte, strengere Formulierung von Ausweisungsgründen wieder zurück und ermöglichte weite behördliche Ermessensspielräume. Kommentare bezeichneten damals bereits die »subjektive Lästigkeit« des Ausländers als Grundlage für polizeiliche Maßnahmen. Darüber hinaus wurde 1938 ein Institut geschaffen, das noch heute unter anderem Namen weiter besteht. Damals etablierte Syrup, nun Präsident der Reichsanstalt für Arbeitsvermittlung, eine »Ausländerzentralkartei«, die jeden Einwanderer erfassen sollte – heute heißt diese Sicherheitsbehörde »Ausländerzentralregister«.

Die Wiedereinführung der APVO von 1938 im Jahre 1965 war eine Folge der bereits zu Beginn der fünfziger

Ausländische Wohnbevölkerung im Bundesgebiet und West-Berlin nach Staatsangehörigkeiten, 1961 bis 1981

Ausländische Wohnbevölkerung im Bundesgebiet und in Westberlin nach ausgewählten Staatsangehörigkeiten, 1961 bis 1981

Jahr	ausländische Wohnbevölkerung insgesamt	Ausländerquote	darunter					
			Türkei	Griechenland	Portugal	Jugoslawien	Italien	Spanien
1961	686.160	1,2	6.700	42.100	–	16.400	196.700	44.200
1967	1.806.653	2,8	172.439	200.951	23.996	140.553	412.777	177.033
1968	1.924.229	3,2	205.354	211.764	26.889	169.130	454.216	174.989
1969	2.381.061	3,9	322.421	271.313	37.474	331.576	514.552	206.895
1970	2.976.491	4,9	469.160	342.891	54.386	514.552	573.648	245.530
1971	3.438.711	5,6	652.812	394.949	75.241	594.284	589.825	270.350
1972	3.526.568	5,7	712.389	389.426	84.671	608.646	581.699	267.248
1973	3.966.200	6,4	910.525	407.614	111.969	701.588	630.735	287.021
1974	4.127.366	6,7	1.027.770	406.394	121.533	707.771	629.628	272.676
1975	4.089.594	6,6	1.077.097	390.455	118.536	677.683	601.405	247.447
1976	3.948.337	6,4	1.079.300	353.733	113.720	640.380	567.894	219.427
1977	3.948.278	6,4	1.118.041	328.465	110.944	630.027	570.825	201.429
1978	3.981.061	6,5	1.165.119	305.523	109.924	610.184	572.522	188.937
1979	4.143.836	6,7	1.268.307	296.804	109.843	629.649	594.424	182.155
1980	4.453.308	7,2	1.462.442	297.518	112.270	631.842	617.895	179.952
1981	4.629.729	7,5	1.546.280	299.300	109.417	637.307	624.503	176.952

Unterzeichnung des deutsch-türkischen Abkommens über soziale Sicherheit am 30.4.1964 in Bonn

Jahre einsetzenden Furcht vor bedrohlicher Zuwanderung. Wie die Historikerin Karen Schönwälder feststellte, beklagten manche Behörden sich zu jener Zeit schon wieder unbefangen über kriminelle und asoziale Ausländer, wobei es sich ausgerechnet um ehemalige Insassen von KZs und Zwangsarbeiter handelte. Selbstverständlich gab es damals auch Stimmen, die das nationalsozialistische Erbe in der Verordnung beklagten und auf eine Überarbeitung drängten. Zumindest hatte das Bundesverfassungsgericht bei der Wiedereinsetzung die normative Qualität des Begriffs »Würdigkeit« entschärft. Doch schließlich wurde das neue Gesetz nicht erarbeitet, um eine Liberalisierung herbeizuführen, sondern um bei der flexiblen Kontrolle der Zuwanderung und ihrer Folgen mehr Rechtssicherheit zu haben. Es störte die Behörden, dass Gerichte bereits verhängte Aufenthaltsverbote widerrufen hatten und dass sie nicht energisch genug gegen politisch aktive Migranten vorgehen konnten.

Das Ausländergesetz von 1965

Das erste Ausländergesetz von 1965 wurde zwar im Vorfeld diskutiert, aber im Parlament ging das Gesetz ohne eine einzige Gegenstimme durch. Die drei Redner, die anlässlich der Abstimmung sprachen, lobten das Gesetz als »Ausdruck einer weltoffenen Fremdenpolitik« und im Hinblick auf das Ausland als »praktischen Beweis unserer demokratischen Einstellung«. Tatsächlich wurde wenigstens das Kriterium der »Würdigkeit« (wenn auch erst im zweiten Entwurf) getilgt, allerdings nicht im Sinne einer Liberalisierung, sondern um eine noch striktere Handhabung einzuführen. Denn aus der »Würdigkeit« hätten sich möglicherweise Rechtsansprüche ergeben können, daher wurde die »Aufenthaltserlaubnis« nun von dem »objektiven Merkmal« abhängig gemacht, ob durch die Erteilung »die Belange der Bundesrepublik Deutschland nicht beeinträchtigt« würden. Insofern hatten Migranten im Grunde nicht den geringsten Rechtsanspruch auf Verbleib in der Bundesrepublik, sondern eigentlich nur eine Aussicht auf Aussetzung eines Verbots.

Das Gesetz beinhaltete eine Fülle von rigiden Regelungen. Vor allem konnten die Behörden die politische Betätigung von Migranten stark einschränken. Schon bald wurden die im Gesetz festgeschriebenen Mittel ausgeschöpft – etwa während des »totalen Staatsbesuchs« *(Frankfurter Rundschau)* des Schahs von Persien im Juni 1967. Die Behörden verboten damals allen iranischen Staatsbürgern jegliche politische Betätigung. Einige Migranten mussten sich nur täglich bei der Polizei melden, andere wurden mit Stadtarrest belegt, und mitunter, wie in Bayern, mussten sie bestimmte Regierungsbezirke sogar verlassen – selbstverständlich auf eigene Kosten.

Das Ausländerrecht von 1965 war in erster Linie eine Blankoermächtigung für die Verwaltung. Es beinhaltete jedoch auch die Möglichkeit, nach fünf Jahren eine so genannte Aufenthaltsberechtigung zu erhalten. Diese war räumlich und zeitlich unbegrenzt und ermöglichte eine gewisse Statussicherheit.

»Deswegen nehme ich auch an ›türkisch-kurdischen Abenden‹ mit vollem Programm teil. Raki, anatolisches Gedudel, Lästern über Deutschland, Smalltalk in der Art von: ›Weißt du, die Deutschen, die verstehen das nicht‹ oder wahlweise ›Die sind so kalt‹ gehören zum Standardrepertoire solcher Events. Ziemlich ambivalent das Ganze, und kein Grund, solche Zusammenkünfte in den Himmel zu heben, wo man selbst unaufhörlich gegen diese ›Ausländer-Deutsche‹-Konstruktion kämpft. Aber sie sind Teil einer Umgangsform mit persönlich erlebtem Rassismus.«

Imran Ayata: Sabri Abis Männercafé. In: Mayer/Terkessidis (Hg.): Globalkolorit. St. Andrä-Wörden 1998

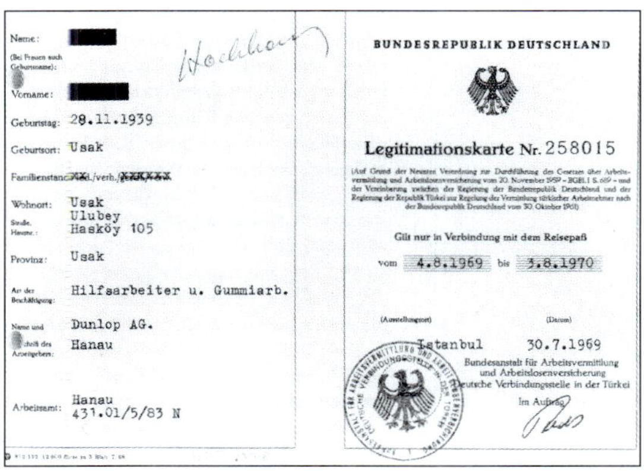

Name: [redacted]
(Bei Frauen auch Geburtsname):
Vorname: [redacted]
Geburtstag: 28.11.1939
Geburtsort: Usak
Familienstand: XXd./verh./XXXXXX
Wohnort: Usak
Straße, Hausnr.: Ulubey Hasköy 105
Provinz: Usak
Art der Beschäftigung: Hilfsarbeiter u. Gummiarb.
Name und Anschrift des Arbeitgebers: Dunlop AG. Hanau
Arbeitsamt: Hanau 431.01/5/83 N

BUNDESREPUBLIK DEUTSCHLAND

Legitimationskarte Nr. 258015

(Auf Grund der Neunten Verordnung zur Durchführung des Gesetzes über Arbeitsvermittlung und Arbeitslosenversicherung vom 20. November 1959 – BGBl. I S. 689 – und der Vereinbarung zwischen der Regierung der Bundesrepublik Deutschland und der Regierung der Republik Türkei zur Regelung der Vermittlung türkischer Arbeitnehmer nach der Bundesrepublik Deutschland vom 30. Oktober 1961)

Gilt nur in Verbindung mit dem Reisepaß

vom 4.8.1969 bis 3.8.1970

(Ausstellungsort) Istanbul (Datum) 30.7.1969

Bundesanstalt für Arbeitsvermittlung und Arbeitslosenversicherung
Deutsche Verbindungsstelle in der Türkei
Im Auftrag

Legitimationskarte, 1969

»Genau das ist der Punkt, mein Herr, die Frage der Integration. Allerdings ist es eine große Ungerechtigkeit, alle Menschen mit ausländischem Pass als ›unangepasst‹ zu bezeichnen. Ich beispielsweise bin auch Türke und zähle zu den Ausländern. Aber bei mir ist alles angepasst. Ich komme nur mit der leider hier lebenden türkischen Gemeinschaft nicht zurecht, mit den Arbeitern, die vor allem aus ländlichen Gegenden gekommen sind. (...) Schon von weitem erkennt man ihre Ungebildetheit, die Inzucht, ihre Unfähigkeit. Überall, wo ich hinsehe, versinke ich im Boden und schäme mich, Türke zu sein.«

Dr. L. Tunaboy (Arzt). In: Dursun Akcam: Deutsches Heim, Glück allein. Wie Türken Deutsche sehen. Göttingen 1982

Gleichzeitig war die Bundesrepublik aber weiter entschlossen, eine Ansiedlung zu verhindern. Und so versuchte man, den Aufenthalt der Ausländer durch die Einführung des »Rotationsprinzips« und ähnlichem unter der Fünf-Jahres-Grenze zu halten. Einbürgerungen sollten strikt vermieden werden.

Was ist ein Deutscher?

Im Geiste solcher Vermeidung erschienen 1971 neue Richtlinien, welche Einbürgerungen nur dann vorsahen, wenn sie im »öffentlichen Interesse« der Bundesrepublik lagen. Die Einbürgerung war ein reiner Ermessensakt der Behörden, wobei die Richtlinien nur gewisse Entscheidungshilfen formulierten. Tatsächlich schrieben sie zum großen Teil fest, was der Bewerber als gleichwertigen Ersatz für das fehlende deutsche Blut mitbringen musste. So wurde, wie in den immer noch gültigen Richtlinien von 1977 steht, »eine freiwillige und dauerhafte Hinwendung zu Deutschland« erwartet, welche die Behörden aus »der nach dem bisherigen Grundverhalten zu beurteilenden grundsätzlichen Einstellung zum deutschen Kulturkreis« erschlossen.

Als Bewerber schied derjenige praktisch sofort aus, der sich politisch in einer Emigrantenorganisation betätigte. Bei den anderen sollten »Lebensweg« und »Persönlichkeitsbild« darauf überprüft werden, ob eine »Einordnung in die deutschen Lebensverhältnisse« bzw. ein »Einleben in die deutsche Umwelt« stattgefunden habe. Angesichts solcher Vorstellungen von der Mitgliedschaft im deutschen Nationalstaat sind die im Vergleich zu anderen Ländern extrem niedrigen Einbürgerungsquoten kaum verwunderlich. Auch heute setzt die deutsche Staatsbürgerschaftsregelung, trotz einiger Änderungen, noch voraus, dass man bereits (kulturell) Deutscher ist, bevor man schließlich Bürger wird. Derweil nehmen die »Eingeborenen« ihre bürgerlichen Rechte gewissermaßen als Erbschaft in Empfang; von Geburt an sind sie aufgrund von Abstammung passive »Angehörige« eines Staates.

Eine andere Auffassung transportiert etwa die franzö-

Ankunft einer Aussiedlerfamilie aus Kasachstan

sische Auffassung von Nationalität: Hier sieht sich der Staat in der Pflicht, nach der Einbürgerung die jeweiligen Personen durch öffentliche Erziehung zu französischen Bürgern zu »machen«, während von diesen gleichzeitig erwartet wird, dass sie durch politische Partizipation im Gemeinwesen ihre Zustimmung zu den demokratischen Institutionen zeigen. Insofern bemerkte der amerikanische Soziologe Rogers Brubaker angesichts eines Vergleichs zwischen dem deutschen und französischen Verständnis von Staatsbürgerschaft, die Einbürgerung in Deutschland erscheine den meisten Einwanderern weniger wie eine Veränderung im Rechtsstatus, sondern vielmehr als fundamentaler Wechsel in der eigenen Wesensart.

Die gesetzlichen Regelungen der letzten Jahrzehnte waren ausschließlich auf Kontrolle und die Verhinderung von Ansiedlung gerichtet. Die heute noch gültigen Einbürgerungsrichtlinien definieren in nahezu totalitärer Weise, was ein Deutscher sein soll.

Zaghafte Reformen

Das neue Ausländergesetz von 1990 knüpfte im Wesentlichen an die alte Rechtslage an, wobei die Regelungen immer undurchsichtiger wurden. Seit 1993 gibt es zum ersten Mal einen Anspruch auf Einbürgerung.

»Wie alle rund 2 Millionen türkischen Staatsbürger, die in Deutschland leben, sind auch die mehreren hunderttausend Kurden unter ihnen willkommene Gäste und Mitbürger in Deutschland, die unserer Fürsorge sicher sein können. Es gilt aber selbstverständlich auch, was in jedem Land der Erde zu den Grundregeln der Gastfreundschaft gehört: Wer sie in Anspruch nimmt, hat Recht und Ordnung des Gastlandes zu respektieren. (...) wer das Gastrecht in Deutschland missbraucht und straffällig wird, muss mit der vollen Härte unserer Gesetze, mit einem Strafverfahren und mit Ausweisung und Abschiebung rechnen.«

Bundesinnenminister Otto Schily in einer Regierungserklärung zum Thema »Kurdenkrawalle« im Bundestag am 23.2.1999

Das Ausländergesetz von 1990

1990 wurde das heute noch gültige Ausländergesetz erlassen. Dieses Gesetz traf eine Reihe von inhaltlichen Entscheidungen über den Aufenthalt von Migranten, und daher erwies es sich als weit umfangreicher, detaillierter und komplizierter als sein Vorgänger. Die Kluft zwischen der Fiktion vom Nichteinwanderungsland und der Realität brachte ein immer größeres Dickicht an Regelungen hervor. Das Gesetz unterscheidet allein vier Formen von »Aufenthaltsgenehmigungen«: Erlaubnis, Berechtigung, Bewilligung und Befugnis. Dabei sind die Leidtragenden zumeist die Migranten. Viele Bestimmungen erscheinen den Betroffenen vollkommen undurchsichtig, was zu Verstößen aus schierer Unwissenheit führt (die dann wiederum der »Ausländerkriminalität« zugerechnet werden).

Dennoch waren die Regelungen von 1990 ein kleiner Fortschritt. Zum ersten Mal wurden Ansprüche auf Einbürgerung anerkannt, die ab 1993 als zwingend galten. Einwanderer unter 23, die sich acht Jahre rechtmäßig in der Bundesrepublik aufhielten und sechs Jahre Schule absolviert hatten, sowie solche über 23, die seit fünfzehn Jahren in Deutschland waren und grundsätzlich für ihren Lebensunterhalt aufkommen konnten, bekamen nun einen Anspruch auf die deutsche Staatsbürgerschaft. Dabei wurden weder Deutschkenntnisse noch eine Hinwendung zu Deutschland erwartet; wer jedoch schwerwiegende Straftaten begangen hatte, dem konnte die Bürgerschaft verweigert werden.

Als Gründe für die Ausweisung eines »Ausländers«

nannte das Gesetz von 1990 etwa längerfristige Obdachlosigkeit, die Inanspruchnahme von Sozialhilfe oder auch die Verurteilung zu einer Freiheitsstrafe von mindestens fünf Jahren (wenn auch die Inhaber von Aufenthaltsberechtigungen besonderen Ausweisungsschutz genossen). Diese ohnehin restriktiven Regelungen wurden in den neunziger Jahren gleich mehrfach verschärft – oftmals begleitet von einem breiten Medienecho. Beispielsweise führten die so genannten »Kurdenkrawalle« dazu, dass heute eine Ausweisung bereits nach einer Verurteilung zu einer Freiheitsstrafe von zwei Jahren möglich ist. In deutschen Gefängnissen sitzen derweil viele in Deutschland geborene Jugendliche, die nach dem Verbüßen ihrer Strafe das Land verlassen müssen. Manche Neuerungen der letzten Jahre erschienen zudem wie Schikanen: so etwa die Einführung von »Kindervisa«. Während zuvor die minderjährigen Kinder von Arbeitsmigranten keine eigene Aufenthaltsgenehmigung benötigten, führte das Innenministerium 1997 eine Visumspflicht für Nicht-EU-»Ausländer« ein.

Ausländer – Inländer.
Arbeitsmappe von 1983

Rot-grüne Kompromisse

Als 1998 schließlich die neue rot-grüne Regierung in ihrer Koalitionsvereinbarung anerkannte, dass ein unumkehrbarer Prozess der Zuwanderung stattgefunden habe, erwarteten viele eine grundsätzliche Änderung der Migrationspolitik. Doch die Erneuerungsbestrebungen konzentrierten sich ausschließlich auf die »doppelte Staatsbürgerschaft«. Nach einer widerwärtigen Unterschriftenkampagne von CDU/CSU gegen den »Doppelpass« und den Verlusten der Regierungskoalition bei der Wahl in Hessen 1999 wurde schließlich aus der angekündigten »Jahrhundertreform« ein Bündel von halbgaren Kompromissen, wobei sich im Ausländerrecht faktisch nur wenig geändert hat.

Heute erhalten in Deutschland geborene Kinder von Migranten zwar automatisch die deutsche Staatsbürgerschaft, doch handelt es sich um eine Bürgerschaft auf Abruf: Sollten diese Kinder außerdem die Staatsbürger-

»Türkisch sei meine Muttersprache, sagen mir alle. Was ist dann Deutsch? Ist Deutsch meine Stiefmuttersprache, oder meine Schwagersprache? Ich wäre Dir sehr dankbar, Onkel Goethe, wenn Du mir eine verständliche Antwort geben würdest.«

Sinasi Dikman: Hurra, ich lebe in Deutschland. Satiren. München 1995

schaft des »Heimatlandes« ihrer Eltern behalten, so müssen sie sich mit 23 für eine der beiden entscheiden. Erwachsene erwerben nun bereits nach acht Jahren rechtmäßigen Aufenthalts einen Anspruch auf Einbürgerung, allerdings müssen sie weit mehr Bedingungen erfüllen als zuvor: Sie müssen sich zur freiheitlich-demokratischen Grundordnung bekennen, für ihren Lebensunterhalt aufkommen können (bei Fremdverschulden werden Ausnahmen gemacht), straffrei sein und über ausreichende Deutschkenntnisse verfügen.

Zweifelsohne zeigt sich in dieser Neuregelung ein Abrücken von der Abstammungsregel und eine Ergänzung durch ein »ius soli« (Bodenrecht). Zum Teil bedeutet diese »Reform« aber eine Verschärfung. Die beharrliche Ausgrenzung hat bei vielen Migranten die Entwicklung eines Zugehörigkeitsgefühls verhindert. Obgleich die meisten rechtliche Gleichstellung wollen, ist ihnen der Pass des »Heimatlandes« für das eigene Selbstverständnis zu wichtig, um ihn einfach aufzugeben. Auch verbinden viele Einwanderer mit dem Deutschsein nahezu eine Wesensveränderung.

Die Zahl der Einbürgerungen in den neunziger Jahren ist trotzdem gestiegen, weil viele Neu-Staatsbürger sich »unter der Hand« ihre alten Pässe wieder zurückholten. Durch die neue Regelung von 1999 ist diese stille rechtliche Integration unmöglich geworden, die Entscheidung für das eine oder das andere wird in den Mittelpunkt der Aufmerksamkeit gerückt. Insofern könnte es unter Umständen zu dem absurden Fall kommen, dass eine Person, die 23 Jahre lang deutsch war und auch weiterhin in Deutschland lebt, dann wieder Ausländer wird. Die Behörden besitzen nun nicht nur die Handhabe, Einbürgerungen zu verweigern, sondern sie können letztlich sogar Personen ausbürgern. Was schließlich die Erwachsenen betrifft, so ist die Einbürgerung zwar nach kürzerer Aufenthaltsdauer möglich, doch gleichzeitig wurden die Anforderungen an die Bewerber zugespitzt. Ein bestimmtes Sprachniveau etwa wurde zuvor nicht vorausgesetzt. Und man muss wohl kaum betonen, wie ungerecht es ist, dass jenen, die seit Jahrzehnten die eingeborenen Deutschen gegen die Arbeitslosigkeit »abpuffern«, die Einbürgerung verweigert werden kann, weil sie Sozial- oder Arbeitslosenhilfe beziehen.

Deutsch-französische Kundgebung gegen Rassismus, Antisemitismus und Fremdenhass in Kehl-Straßburg, 17.1.1993

Die rot-grüne Bundesregierung hat eine Abwendung vom Abstammungsrecht eingeleitet. Aus der angekündigten »Jahrhundertreform« ist jedoch nichts geworden. Herausgekommen ist ein undurchsichtiges und teilweise ungerechtes Kompromissmodell.

Unsichtbar, doch immer unter Beobachtung

Da Migranten vom politischen Leben fern gehalten wurden, ist die Identifikation mit der jeweiligen nationalen oder ethnischen Gruppe weiterhin hoch. Eigene Forderungen nach Gleichberechtigung und Integration sind in der Öffentlichkeit immer noch selten zu finden.

»Nachdem ich und mein Mann nach Deutschland zurückgekommen sind, haben wir leider feststellen müssen, dass die Türken in der Türkei besser deutsch gesprochen haben als die in Deutschland. In der Türkei reden die Türken deutsch, aber in Deutschland türkisch. Das ist paradox, die Türken leben im Paradoxen. Noch ein Beispiel: Die Türken in der Türkei essen weniger Knoblauch als in Deutschland. Die Türken in Istanbul sind zwar ein bisschen aufdringlicher, aber immerhin gastfreundlicher als die in Deutschland. Wir sind seit drei Jahren wieder in Deutschland, bisher hat kein einziger Türke uns eingeladen, obwohl wir Türken gegenüber sehr positiv eingestellt sind.«

Sinasi Dikman: Hurra, ich lebe in Deutschland. Satiren. München 1995

Bezug auf die »Heimat«

In der rechtlichen Situation der Migranten in Deutschland äußert sich eine weitere Ausschließung durch Einbeziehung, die eng mit der wirtschaftlichen Situation verbunden ist. Im Grunde wird durch die Institutionen Markt und Recht eine »fremde« Gruppe geradezu erzeugt. Dabei zieht die rechtliche wie die wirtschaftliche Lage eine Reihe unbemerkter, aber einschneidender Konsequenzen nach sich. Eine vergleichende Untersuchung von Ruud Koopmans und Paul Statham am Wissenschaftszentrum Berlin hat gezeigt, wie die Art der politischen Betätigung von Migranten von den jeweiligen nationalen Institutionen abhängt.

So ist bei den Migrantenorganisationen die Identifikation mit nationalen oder ethnischen Gruppen in Deutschland mit 83 % weitaus höher als in Großbritannien (19 %). Das zeigt sich schon an den Namen dieser Organisationen: Kurdistans Aleviten-Föderation, Griechische Gemeinde, Milli Görüs, Kroatischer Weltkongress etc. Dazu kommt eine lokale Aufsplitterung. Politische Initiativen wie CEMYC (Council of European Minority Youth Comittees), »ImmiGrün«, »Die 8 %« oder »Kanak Attak« dagegen, die einem Selbstverständnis folgen, das sich auf die politische Situation aller Migranten bezieht, sind dagegen selten zu finden. Folgerichtig bezogen sich die Forderungen hierzulande weitaus häufiger (42 %) auf Probleme im Herkunftsland als in Groß-

Der »Türkische Chor Nürnberg«, 1968

britannien, wo dieses nur in 4 % der Fälle eine Rolle spielte. Und während auf der Insel die meisten politischen Einmischungen von Migranten Themen wie Integration oder Rechte in den Vordergrund rückten, waren auf Deutschland bezogene Proteste rein defensiv motiviert – zumeist gegen offenen Rassismus, gewöhnlich in seiner gewalttätigen Form.

Aus diesen Gründen spielen Migranten in der öffentlichen Debatte in Deutschland nicht einmal eine Rolle, wenn es um ihre eigenen Probleme geht. Die Migranten werden weiterhin wie Bürger eines anderen Landes behandelt, und in den meisten Fällen benehmen sie sich den Erwartungen entsprechend. Da sie in dem Land, in dem sie ihren Lebensmittelpunkt haben, nicht an politischen Entscheidungen beteiligt werden – oder höchstens in lokalen Alibigremien wie »Ausländerbeiräten« –, bezieht sich ihr politisches Engagement oft auf das »Heimatland«. Tatsächlich hat die Bundesrepublik Deutschland einen Teufelskreis etabliert, der auf Dauer »Fremde« produziert: Das deutsche Recht macht Integration im

»Wenn ›Betroffene‹ sich in das, wovon sie betroffen sind, einmischen, laufen sie Gefahr, dem Vorwurf der Voreingenommenheit und Aufgebrachtheit zu begegnen: Sie seien in ihren Erfahrungen verwurzelt, in ihrer Wahrnehmung eingeengt und in ihrem Urteil unerbittlich, kurzum: hysterisch und blind – denkbar ungünstige Voraussetzungen dafür, Wissenschaft zu betreiben. Wir betreiben sie dennoch, nehmen teil und verändern allein dadurch.«

Paul Mecherils/Thomas Teos: Psychologie und Rassismus. Reinbek bei Hamburg 1997

Jugendliche Aussiedler

Grunde unmöglich, aber auf der anderen Seite setzt es Integration voraus, damit man Deutscher werden kann.

Die »institutionalisierte Phobie«

Das deutsche Recht schafft eine seltsame Dialektik von Sichtbarkeit und Unsichtbarkeit von Migranten. Zum einen sind die Migranten völlig unsichtbar: Sie werden von den Organen der Bundesrepublik politisch nicht repräsentiert, und sie haben keine Möglichkeit, ihre eigenen Interessen zu vertreten und ihr eigenes Bild mitzubestimmen. Daher findet man weder Migranten in staatlichen Institutionen im weitesten Sinne (von der Amtsstube bis zur Fußball-Nationalmannschaft) noch im öffentlichen Diskurs. De facto werden »Ausländer« eigentlich nur verwaltet, und das führt auf der anderen Seite zu einer erhöhten Sichtbarkeit: Staatliche Stellen registrieren im Sinne einer reibungslosen Verwaltungstätigkeit vornehmlich Auffälligkeiten; in den Medien kommen Migranten fast nie als normale Menschen vor, sondern hauptsächlich als Abweichungen; und auch im Alltag werden sie ununterbrochen als »Ausländer« oder »Fremde« identifiziert.

Aus diesem Verhältnis ergibt sich eine Art »institutionalisierte Phobie« (Uli Bielefeld). Bisher hat die Gesetzgebung der Bundesrepublik die »Ausländer« als permanente Bedrohung inszeniert; insofern ist es durchaus nicht verwunderlich, dass sich rechte Gewalttäter in ihrer Rolle als Verteidiger Deutschlands gerechtfertigt fühlen. Dazu kommt, dass auch viele »liberale« Einheimische über die rechtlichen Grundlagen der Gesellschaft kaum Bescheid wissen und die demokratischen Defizite des Einwanderungslandes Deutschland nicht thematisieren. Offenbar fällt es schwer, in den »Fremden« etwas anderes als Objekte oder Probleme zu sehen. Dies wurde

1999 durch eine Untersuchung noch einmal bestätigt, welche Mitarbeiter des Duisburger Instituts für Sprach- und Sozialforschung vorlegten. Darin analysierten sie die Behandlung von »ausländischen« Straftätern in den Medien, wobei sie feststellten, dass man in den Berichten (im Gegensatz zu jenen über einheimische) kaum einmal etwas über die Beweggründe der Täter erfahre. In aller Regel würden die Journalisten die Perspektive des Gerichts oder der Polizei einnehmen

Nichtsdestotrotz wird es auf Dauer Probleme bereiten, das völkische Staatsverständnis ins neue Jahrtausend zu retten. Denn es könnte sein, dass diese Auffassung quasi von »innen« ausgehöhlt wird, dadurch, dass sich heute die Menschen deutscher Abstammung aus dem Osten nicht mehr wie früher problemlos integrieren lassen. Bereits bei den Bürgern der ehemaligen DDR wird die wirtschaftliche Misere ergänzt durch eine erstaunliche Form der Ethnisierung: Der »Ossi« gilt mittlerweile fast als Volksstamm. Noch weiter geht dieser Prozess bei vielen »Spätaussiedlern« aus der ehemaligen Sowjetunion. Bei diesen handelt es sich wahrscheinlich um die erste Gruppe von Personen deutscher Abstammung mit deutscher Staatsbürgerschaft, die auf einem anderen kulturellen Hintergrund bestehen und die von den Einheimischen auch vornehmlich als Russen wahrgenommen werden. Zahlreiche Untersuchungen deuten kaum auf eine baldige Integration hin. Offenkundig ist die deutsche Abstammungsgemeinschaft längst nicht mehr homogen.

»Nicht die Gewalt an sich, wohl aber ihr ›serieller Verlauf‹, ihr Auswachsen zum Flächenbrand und die Form der Beendigung; nicht die Xenophobie selbst, wohl aber ihre gesellschaftliche Bedeutung erklären sich aus der staatlichen Institutionalisierung der Fremden als Angehörige einer prinzipiell abweichenden Minderheit in der Bundesrepublik.«

Uli Bielefeld: Die institutionalisierte Phobie. In: Otto/Merten (Hg.): Rechtsradikale Gewalt im vereinigten Deutschland. Opladen 1993

Das deutsche Recht macht Migranten unsichtbar: Sie sind in der Demokratie nicht repräsentiert. Andererseits werden sie extrem sichtbar: Im Sinne einer reibungslosen Verwaltung der Einwanderer registrieren die Behörden vor allem Auffälligkeiten.

Fremdheitstheater und Kulturerfindung

In Deutschland gibt es immer noch erstaunlich konkrete Vorstellungen davon, wie ein Deutscher auszusehen hat. Allerdings sind die Einheimischen so unterschiedlich geworden, dass sie ihr Deutschsein vor allem im Kontrast zum »Ausländer« erfahren.

»Wo kommen Sie her?«

»Auch Äußerungen und Reaktionen der deutschen Umwelt, die keine direkte (›Du verstehen?‹) oder indirekte (›Sie sprechen aber gut deutsch!‹) Defizitbotschaft transportieren, können das Thema (...) variieren: ›Und wann werden Sie wieder in ihr Heimatland zurückkehren?‹, aber auch positive Diskriminierungen wie ›Die Südländer haben so etwas Lebenslustiges‹ bestärken den Eindruck, anders und nicht zugehörig zu sein.«

Paul Mecheril: Die Lebenssituation anderer Deutscher. In Otto/Merten (Hg.): Rechtsradikale Gewalt im vereinigten Deutschland. Opladen 1993

Da in der Bundesrepublik bis heute die Fiktion der ethnischen Homogenität aufrechterhalten wird, existieren hierzulande auch immer noch erstaunlich konkrete Vorstellungen darüber, wie ein Deutscher aussieht und sich verhält. Wer in Deutschland als Person mit Migrationshintergrund aufwächst, schreibt der Psychologe Paul Mecheril (selbst indischer Herkunft), »ist permanent den Blicken, der Aufmerksamkeit, dem Interesse, den Anfeindungen, den Attacken anderer Deutscher ausgesetzt«. Dabei führt die Wahrnehmung des »ausländischen« Aussehens, das gewöhnlich von irgendwelchen »dunklen« physiognomischen Elementen abgeleitet wird, sogleich zu bestimmten Annahmen über Zugehörigkeit und kulturelle Verschiedenheit.

Die meisten Gespräche zwischen Einheimischen und Migranten in der Bundesrepublik beginnen mit der Frage nach der Herkunft: »Woher kommen Sie?« Zudem gehen viele Eingeborene auch heute noch davon aus, dass Personen, die »ausländisch« wirken, die deutsche Sprache nicht beherrschen. Selbst in Deutschland geborene Kinder von Migranten, deren Muttersprache Deutsch ist, ernten Lob für ihr »gutes Deutsch«. Untermalt werden solche Annahmen von einer politischen Berichterstattung im Fernsehen, die fast nur solche Migranten zu Wort kommen lässt, die gebrochen Deutsch sprechen.

Der Blick auf den Anderen ist auch oft gekoppelt mit

Vorstellungen über dessen »natürlichen Lebensraum«. Dem Verfasser dieses Büchleins wurde etwa beim Sport öfter bescheinigt, 35 Grad sei ja wohl »sein« Wetter, während er bei Sturm und Regen gefragt wurde, wie er denn nur in diesem Land leben könne. Auch die Nennung eines »fremden« Namens löst augenblicklich Fragen nach der Zugehörigkeit aus. Schnell geht es auch um Erlebnisse mit dem »Heimatland« des Migranten, wobei das zumeist mit Annahmen über die dortige Kultur verbunden ist. Bei Personen türkischer Herkunft wird mittlerweile selbstverständlich eine Verbindung zur islamischen Religion angenommen, welche man sich im Großen und Ganzen als eher »vormodern« bzw. traditionell vorstellt – insbesondere in Bezug auf die Rolle der Frau.

»Die Studentinnen machen immer wieder die Erfahrung, dass das von ihnen positiv besetzte Symbol ›Kopftuch‹ als Zeichen für Minderwertigkeit gewertet wird. So stellt Gül fest, nachdem sie das Kopftuch abgelegt hat, dass für die Mehrheitsgesellschaft Integration eben doch äußere Anpassung beinhaltet und daher das Kopftuch generell als Integrationshindernis betrachtet wird. Indiz für den Grad der Integration scheint hierbei (...) eine Art ›Unsichtbarkeit‹ in der Gesellschaft zu sein.«

Y. Karakasoglu-Aydin: »Kopftuch-Studentinnen« an deutschen Universitäten. In: Bielefeldt/Heitmeyer (Hg.): Politische Religion. Frankfurt/M. 1998

Gladbeck 1965

»Vor zwei Wochen fragte mich ein Journalist des Hessischen Rundfunks, wie ich denn als FREMDE Europa erlebe. Wiese ›Fremde‹, frage ich zurück; sagt er: Na ja, als HALBfremde, als Türkin sozusagen. Frage ich nochmal, wie alt er denn ist, sagt er: 32. Sage ich ihm: ›Ich lebe länger in und mit Europa als Sie, was macht mich fremder als Sie?‹ Er entschuldigt sich. Mir tat's weh.«

Renan Demirkan
im *Spiegel* vom 14.4.1997

Der Blick auf den Anderen ist also mit mannigfaltigen Zuschreibungen gekoppelt. Selbstverständlich wäre es Unsinn, die alltägliche Kontrolle der Herkunft mit ausdrücklichen rassistischen Attacken zu vergleichen, doch Aussehen, Sprache, Namen etc. wirken permanent als »informelle Grenzposten« der »echten« nationalen Gemeinschaft. Im Grunde handelt es sich um eine Art »Fremdheitstheater«, mit dem selbst vollständig integrierte Personen ununterbrochen wieder in den Status des »Ausländers« zurückversetzt werden.

Die Erfindung von Kultur

Dabei erscheint die fortgesetzte Ausklammerung von Verschiedenheit aus der Gemeinschaft der Deutschen nicht zuletzt deswegen weiterhin so selbstverständlich, weil materielle Kultur hierzulande vergleichsweise stark staatlich reglementiert wird – und zwar in Richtung Homogenität. Das zieht sich durch viele Bereiche. Beispielsweise musste man bis vor kurzem für ein Neugeborenes einen verbreiteten (und damit deutschen) Namen wählen. Durch strenge Regelungen wird auch weiterhin architektonische Vielfalt ebenso vermieden wie landschaftlicher Wildwuchs (wovon nicht zuletzt der wiederkehrende Streit um Moscheen bürgt). Zu nennen wäre aber auch die großzügige Subventionierung von städtischen Theatern und vielen ähnlichen kulturellen Einrichtungen. Schließlich privilegiert der Staat in außerordentlicher Weise die christlichen Religionen. Während die Finanzämter selbstverständlich die Kirchensteuer einziehen, spielen die Kirchen eine massive Rolle etwa bei den sozialen Fürsorgeinstitutionen.

Diese Aufrechterhaltung von Homogenität hat dazu geführt, dass das »Deutsche« immer als etwas Statisches wahrgenommen wurde. Angesichts des Globa-

Zeitungs-Werbung, Anfang der achtziger Jahre

lisierungsdrucks steht jedoch in den letzten Jahren die deutsche »Mentalität« unter Beschuss. Bereits seit den fünfziger Jahren, aber massiv während der Achtziger, haben sich die Lebensstile der einheimischen Bevölkerung pluralisiert. Durch Fernsehen, Jugendkulturen, Tourismus und andere »transnationale« Verbindungen erweiterte sich das Spektrum der kulturellen Wahlmöglichkeiten nachhaltig. In diesem Sinne spricht der Kölner Soziologe Erol Yildiz von einer »strukturell erzeugten Multikulturalität« innerhalb der so genannten deutschen Kultur.

Zudem haben ausgerechnet Konservative in den neunziger Jahren eine allgemein verbreitete, typisch deutsche Staatsgläubigkeit angeprangert, sie sprechen von »Vollkaskomentalität«. Auch die deutsche Steifheit wird heutzutage oft kritisiert – in jeder Beziehung möchte man bekanntlich »lockerer« werden. Insofern gelten also die »Werte«, die einmal mit Deutschsein assoziiert wurden, heute als zutiefst antiquiert.

Während die Einheimischen also auf Veränderung drängen und offenbar immer »westlicher« und individualistischer werden, erscheint nun die Kultur der Migranten gewöhnlich als statisch und rückwärts gewandt. Tatsächlich steht dem Prozess der so genannten Individualisierung auf deutscher Seite tendenziell ein Prozess gegenüber, in dem Gruppen sich eine gemeinsame Kultur schufen. Bereits die ersten Einwanderer pflegten bestimmte Elemente der Kultur ihrer Heimat. Spätestens mit der Ansiedlung wurde es lebensnotwendig, sich über die Kultur zusammen mit anderen in einer abweisenden Umgebung einzurichten. Allerdings war dieser Heimatbezug von Beginn an imaginär – viele Migrantenvereine richteten sich in einem ausgewählten kulturellen Konservatismus ein, während in ihrem »Heimatland« gerade massive Veränderungen in der Lebensweise stattfanden. Es wurde gewissermaßen eine Kultur »erfunden«; bestimmte religiöse Anschauungen,

»Die ›Gastarbeiter‹ beabsichtigten nicht von Anfang an, von der deutschen Bevölkerung isoliert zu wohnen. Wie ein Vertreter der Arbeiterwohlfahrt referierte, kämen z. B. die Türken mit einer besonders positiven Einstellung nach Deutschland, die dann oft enttäuscht würde. Die Religiosität würde durch den Aufenthalt intensiver als in der Heimat und die Neigung zur Gruppenbildung stärker. Auf diese Weise entstehe eine ›Notgemeinschaft in Subkultur‹. So war der fehlende Kontakt zur deutschen Bevölkerung das Hauptproblem ausländischer Arbeitnehmer.«

Hisashi Yano: Wir sind benötigt, aber nicht erwünscht. In: Eryilmaz/Jamin (Hg.): Fremde Heimat. Eine Geschichte der Einwanderung aus der Türkei. Essen 1998

Deutsche Butter, 1999

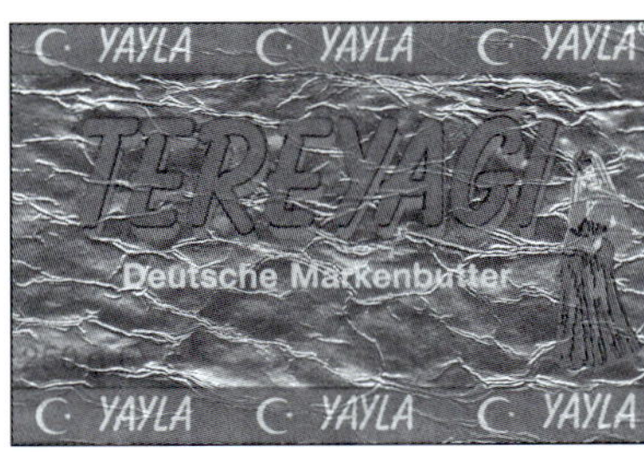

»Kanak Attak grenzt sich gegen Veranstaltungen wie den ›Tag des ausländischen Mitbürgers‹ ab, die den Dialog und das friedliche Zusammenleben zwischen den Kanaken und der Mehrheitsgesellschaft fördern wollen. Kanak Attak ist kein Freund des Mültikültüralizm.«

Aus dem Manifest der Gruppe »Kanak Attak« in der *tageszeitung* vom 28.1.1999

rituelle Vorschriften, Speisen und Getränke sowie Kleidungsstile erhielten eine gewisse Unabhängigkeit und wurden konserviert.

Weihnachten: religiös oder nicht?

Die deutsche Gesellschaft ist trotz aller Unterschiede zwischen den Individuen zweifelsohne immer noch in gewisser Weise traditionell. Das trifft vor allem für die Bevorzugung der beiden hiesigen christlichen Konfessionen zu. Anhand mancher Phänomene zeigt sich dabei auch eine Kluft zwischen der eigenen Selbstwahrnehmung und der Wirkung auf Migranten. Beispielsweise wird das Weihnachtsfest gewöhnlich als völlig verweltlicht und vom Konsum durchdrungen gesehen. Tatsächlich jedoch tauchen zu diesem Anlass überall an zentralen Orten völlig selbstverständlich Symbole auf, die mit dem christlichen Glauben gekoppelt sind. Dies übt etwa auf die Kinder von gläubigen Muslimen einen starken Druck aus, wobei ihnen gleichzeitig oft verwehrt wird, ihre Religion öffentlich zu praktizieren. Wenn die Migranten dieses Problem jedoch artikulieren, ernten sie bei den Einheimischen wenig Verständnis, da diese sich selbstverständlich für durch und durch weltlich halten.

Veranstaltungsplakat der Initiative Kanak Attak (vgl. Seite 54)

Die oftmals recht konservative Kultur, wie sie etwa in Migrantenvereinen gepflegt wird, ist letztlich ein Resultat der politischen Rahmenbedingungen in der Bundesrepublik – ein Ergebnis von Ausschluss durch Einbeziehung. Denn schließlich verhinderten die Behörden seit den sechziger Jahren, dass sich Migranten in und mit Deutschland engagierten. Stattdessen wurde der kulturelle Bezug auf das »Heimatland« in Hinblick auf die angestrebte Rückkehr mit Wohlwollen betrachtet. Erst als Mitte der Siebziger deutlich wurde, dass vor allem die Jugendlichen das Land nicht mehr verlassen würden, erschien den Behörden eine kulturelle Anpassung als Königsweg zur Integration. Damals entstand dann auch die Diskussion über die kulturelle Assimilierbarkeit bestimmter Gruppen, wobei die nichteuropäischen Gruppen oft von vornherein ausgesondert wurden.

Freilich blieb der Ruf nach kultureller Anpassung ohnehin ein reines Lippenbekenntnis; getan wurde wenig, um dieses Ziel zu erreichen. Die Anpassung wurde vor allem von den Migranten erwartet, während man politisch weiter »Ausländer« produzierte. Heute haben sich viele junge Migranten in dieser Kluft eingerichtet. Sie haben auf ihre eigene Weise Kompromisse gefunden für das Leben in einer Gesellschaft, die ihr kulturelles Anderssein für unausweichlich hält und gleichzeitig totale Anpassung fordert. Tatsächlich haben sich die meisten Migranten – aus eigener Kraft – integriert, während sie zugleich ihre jeweilige kulturelle Verschiedenheit als »Portugiese«, »Grieche« oder »Türke« aufrechterhalten. Selbst jüngere Menschen mit Migrationshintergrund betrachten sich heute noch als »Gäste«. In diesem Sinne ergänzen sie freilich oft das »Fremdheitstheater« der Eingeborenen.

Während die Einheimischen sich mit Hilfe des Konsums zunehmend individueller fühlten, mussten sich die Einwanderer in einer abweisenden Umgebung eine neue gemeinsame Kultur erfinden. Zumeist bezog sich diese auf ein imaginäres »Heimatland«.

Schöner, neuer Multikulturalismus

Mit dem Aufkommen des Multikulturalismus wurden kulturelle Unterschiede in Deutschland plötzlich begrüßt und gefördert. Doch in erster Linie ging es um solche Unterschiede, die genießbar waren. Eine gute Portion Exotismus war immer dabei.

Döner und »türkischer« HipHop

»Viele Zuwanderer bereichern die aufnehmende Gesellschaft vorerst allenfalls um *vormoderne* Bewusstseinsformen.«

Thomas Schmid, Mitautor von »Heimat Babylon«, in der *tageszeitung* vom 17./18.5.1997

Seit der Einführung des Konzeptes Integration nahm die Bedeutung von Kultur für die Definition des Verhältnisses zwischen Einheimischen und Migranten immer mehr zu. Seit Beginn der achtziger Jahre wurde von kirchlichen und alternativen Kreisen eine neue Idee entwickelt – die der »multikulturellen Gesellschaft«. Dieses Konzept forderte eine erleichterte Einbürgerung und die Entkopplung von Integration und kultureller Anpassung. Zwar nahmen auch viele Fürsprecher des Multikulturalismus an, dass die Migranten im Grunde immer noch in einer »vormodernen« Kultur gefangen seien, doch glaubte man, dass die ethnische Bindung sich mit

CD's der Gruppe Cartel und von Aziza A

der staatsbürgerlichen Eingliederung zunehmend in einen privaten Lebensstil verwandeln würde. Die »multikulti«-Fraktion der neunziger Jahre (etwa Claus Leggewie, Daniel Cohn-Bendit und Thomas Schmid, die Berliner Ausländerbeauftragte Barbara John etc.) erhoffte sich vor allem von der Freiheit des Marktes und den damit einhergehenden Konsummöglichkeiten positive Effekte. Im Grunde sollten die ethnischen Unterschiede in die große weite Welt der überall sichtbaren Unterschiede von Moden und Lebensstilen aufgenommen werden.

Die multikulturelle Hoffnung gründete sich in erster Linie auf den Erfolg »kultureller Produkte« in den Einwanderungsländern. Denn in Kleidung, Musik, Stil oder Essgewohnheiten hatten die »Fremden« ihr kulturelles »Know-how« eingebracht. Zum positiven Symbol des Multikulturalismus in der Bundesrepublik wurde daher schnell der Döner. Allerdings hatte dieser in der Türkei als Schnellgericht in Brot und mit Salat niemals existiert. Als Fastfood wird er hierzulande entsprechend zu 95 % von Einheimischen konsumiert. Trotzdem hält man den Döner weiter für etwas authentisch Türkisches. In anderen Nationen wird der Mischungscharakter der »kulturellen Produkte« oft weit mehr anerkannt. Das ausländische Vorbild im Blick haben deutsche Institutionen im Sinne des Multikulturalismus dann auch versucht, avanciertere kulturelle Artikulationen von Einwanderern zu unterstützen. So förderte der Berliner Senat unter Federführung der erwähnten Barbara John beispielsweise »türkischen« HipHop.

Die Berliner HipHop-Crew Islamic Force wäre ohne institutionelle Unterstützung in Jugendtreffs etc. wahrscheinlich nicht zustande gekommen. Doch auch hier wird der Mischungscharakter im Ergebnis geleugnet: Mit ihrer betonten Hardcore-Haltung und den in Türkisch gerappten Texten über das harte Leben auf der Straße präsentierte sich das »Produkt« als authentische Stimme vom Rand der Gesellschaft. Der Erfolg von deutsch-türkischem HipHop insgesamt – etwa Boulevard Bou, Aziza A, DJ Mahmut und Murat G – blieb

»Für alle türkischen Jugendlichen auf dieser Welt haben wir einen neuen Weg in der Musik gefunden. / Nellie, Derezon, Yüksel, Hakan, ein neues Team ist da. / Wir freuen uns. / Doch für die Deutschen verdrecken wir nur ihr Vaterland, / nehmen ihnen die Arbeitsplätze weg und sind eine Last. / Unerwartet werden wir erfolgreich. / Die Zeit ist reif, mit der Musik zu rebellieren – denn die Deutschen / haben es auf dein Leben abgesehen und beschimpfen dich. / Der deutsche Ehemann – von seiner Frau genervt – macht uns an. / Und wenn er könnte, würde er uns wieder an die Türkei zurückverkaufen.«

»Gurbetci Cocuklari« (»Gastarbeiterkinder«) auf der LP »Mesaj« von Islamic Force

»Stichworte wie ›zerrissen zwischen zwei Welten‹ oder die ständige Bemühung der deutsch-türkischen Polarität sind für mich irrelevant. Das sind Etikettierungen, mit denen ich nicht sonderlich viel anfangen kann. Für mich sind meine Filme deutsche Produktionen, aus dem simplen Grund, weil ihr Produktionsstandort Deutschland ist.«

Thomas Arslan in der *tageszeitung* vom 22.3.99

jedoch zu einem bedeutenden Teil auf die multikulturelle »Szene« und wenige Kulturmedien beschränkt. Allein die Crew Cartel – der Zusammenschluss von Karakan, Erci E und Da Crime Posse – löste ein größeres Echo aus, wobei der eigentliche Durchbruch jedoch in der Türkei gelang.

Exotische Differenz

In der Popkultur hat sich die kulturelle Differenz dennoch durchgesetzt. Dabei regiert vor allem im Musikfernsehen und in den Inszenierungen von popkulturellen Großereignissen wie etwa der Love-Parade eine Art exotistische Fremdheit aus der Retorte. Hier spielen vor allem schwarze und asiatische Deutsche eine Rolle. Hiesige Eurodisko-Produktionen benötigen offenbar schwarze Frontfrauen und -männer; der schwarze Produzent Tony Kutura hat mittlerweile ein ganzes Universum von Kopien amerikanischer Vorbilder geschaffen, und sehr viele populäre Musikvideos schmücken sich mit Insignien von Fremdheit.

Etap: das Magazin für junge Migranten türkischer Herkunft, vom 2.2.2000

Die meisten so geschaffenen Bilder basieren auf der klischeehaften Verbindung von Schwarzsein mit Musik, Rhythmus und Körper sowie auf dem Wunsch, »Buntheit« oder Vielfalt zu symbolisieren. Die Ausnahme bleiben Musiker wie Sabrina Setlur oder Xavier Naidoo, die sich auf die Arbeit an den Texten konzentrieren. Dabei sagte Naidoo in einem Interview einmal, dass er sich darüber im Klaren gewesen sei, »dass die Leute von einem Schwarzen, selbst von einem deutsch sprechenden, eher Tanzen, Oberkörperzeigen und so erwarten«. Insofern stellt sich auch die Frage, ob Tyron Ricketts, Rapper von Mellowbag und Moderator der VIVA-Sendung »WordCup«, der eine Casting-Agentur für Afro-Deutsche namens

»Panthertainment« gegründet hat, mehr erreicht als die Befriedigung einer wachsenden Nachfrage nach Klischees.

Neue Kulturformen

Dagegen hat sich gerade in den Zentren der großen Städte im letzten Jahrzehnt ein wenig wahrgenommenes lebendiges kulturelles Leben der Migranten entwickelt. Auch hier bleibt der Bezug auf Ethnizität vorhanden, doch verstehen sich die Besitzer von vor allem »türkischen« Cafés und Diskotheken ausdrücklich als modern. Die musikalischen Vorlieben sind vielfältig; ein äußerst wichtiger Bezugspunkt jedoch ist türkischer Pop. Diese Musik feiert zwar ihre größten Erfolge in der Türkei, aber es handelt sich nicht im engeren Sinne um ethnische Musik, sondern um eine lokale Spielart der globalen Popkultur, deren Kompositeure mit westlichen Einflüssen arbeiten und deren Interpreten zum Teil in Deutschland geboren sind und leben. Von dieser »transnationalen« innerstädtischen Modernität zeugen nun auch die ersten in deutscher Sprache erscheinenden Zeitschriften für junge Deutschtürken wie »Hayat« in Hamburg oder »etap« in Berlin. Zudem ist der türkische Pop mit dem Sänger Tarkan auch in die hiesigen Charts eingedrungen.

Doppelseite aus Hayat, der ersten türkischen Zeitschrift in deutscher Sprache, Mai/Juni 1999

»Die Türken sind selbstbewusster geworden, kaum jemand denkt noch ernsthaft an Rückkehr, und die Mehrheit fühlt sich als Teil dieser Gesellschaft, mit allen Konsequenzen. Die Jugendlichen, die herangewachsen sind, sind Persönlichkeiten mit ›Multiple Identities‹, die sich auf einer türkischen Hochzeit genauso gut bewegen können wie in der deutschen Disko, sofern sie denn hereingelassen werden.«

Lale Akgün: Wo ist der Doktor? In: Eryilmaz/Jamin (Hg.): Fremde Heimat. Eine Geschichte der Einwanderung aus der Türkei. Essen 1998

In der Mainstream-Popkultur sind ethnische Unterschiede begehrt. Oft kommen sie jedoch aus der Retorte oder sind auf die Befriedigung von Konsumwünschen abgestimmt. In den Zentren der großen Städte hat sich eine moderne kulturelle Szene entwickelt.

Die Grenzen der Toleranz

Multikulturalismus ging immer einher mit einer übertriebenen Furcht vor »Fundamentalismus«. Zum Symbol dieser Angst ist in den letzten Jahren vor allem das Kopftuch geworden. Doch ist gerade dieses Kopftuch oft kein Zeichen für Tradition.

Ungenießbare Unterschiede

Offenbar akzeptieren Theorie und Praxis des Multikulturalismus in erster Linie solche kulturellen Differenzen, die für das einheimische Publikum genießbar sind. Dabei liefert das so verstandene »multikulti« seine Grenzen und Gegenbilder gleich mit. Im April 1997 verdichtete der *Spiegel* dies auf dem Titelbild »Gefährlich fremd – Das Scheitern der multikulturellen Gesellschaft«. Darauf waren neben einer »ausländisch« aussehenden, offenkundig wütenden jungen Frau mit einer türkischen Fahne, die als Illustration für Fanatismus diente, links junge Koranschülerinnen zu sehen, deren »endlose« Bankreihen sich im Hintergrund im milchigen Weiß verloren,

Junge Frauen türkischer Herkunft in Köln, 1993

und rechts eine Gang jugendlicher Kleinkrimineller mit Tschakos und Messern. Offenbar wird die herrschende Multikultur begrenzt durch die Angst vor Kriminalität sowie möglicherweise gewalttätigen Formen von ethnischem Fanatismus (wie er sich etwa in den »Kurdenkrawallen« zu äußern scheint) und religiös motiviertem Fundamentalismus. Niemand bestreitet, dass diese Phänomene existieren und tatsächlich Besorgnis erregend sind. Allerdings werden sie in ihrem Ausmaß zumeist völlig übertrieben, undifferenziert wahrgenommen und auf alle »Ausländer« übertragen. Zudem übersieht man gewöhnlich, wie sehr deren Entstehung den institutionellen Bedingungen geschuldet ist. Im Falle der Kriminalität und des politischen Bezugs vieler Migranten auf das »Heimatland« wurde darauf ja bereits eingegangen.

Das Kopftuch-Syndrom

Zum Symbol für totalitäre religiöse Ansprüche ist in den letzten Jahren das Kopftuch geworden. Während dieses jedoch als Ausdruck einer »vormodernen« Tradition gilt, wird es in letzter Zeit verstärkt ausgerechnet von jungen, gebildeten, muslimischen Frauen getragen. 1998 sorgte der Fall Fereshta Ludin in Baden-Württemberg für Aufsehen. Die deutsche Bürgerin afghanischer Herkunft erhielt keine Anstellung an einer Schule, weil ihr Kopftuch als »Symbol kultureller Abgrenzung« angeblich mit den Toleranzvorstellungen der Bundesrepublik kollidierte. Doch dieses Kopftuch ist alles andere als traditionell, und dieser Akt der angeblichen Abgrenzung ist ein Ergebnis vorangegangener Ausgrenzung.

In Interviews, die Yasemin Karakasoglu-Aydin mit »Kopftuch-Studentinnen« türkischer Herkunft geführt hat, zeigt sich, dass dieses Kopftuch nichts mit Tradition zu tun hat. Es handelt sich gar nicht um das Kopftuch der Mütter, das unter dem Kinn geknotet wird und den Haaransatz freilässt, sondern um den so genannten »türban«, welcher das gesamte Haar und die Schultern verhüllt. Dieses Kopftuch hat in der Türkei überhaupt keine spezielle Bedeutung, sondern wird heute von jungen Mus-

»Keine der Studentinnen trägt das ›traditionelle Kopftuch‹, das etwa den Haaransatz freilässt und unter dem Kinn mit einem Knoten gebunden wird. Sie tragen den ›türban‹, womit die traditionelle Islam-Auffassung der Mütter abgelehnt wird. Der ›türban‹, den sie als Kopfbedeckung wählen, hat dagegen keine spezielle Konnotation, die sich aus dem türkischen kulturellen Alltag herleiten ließe, sondern wird inzwischen weltweit von Musliminnen der jüngeren Generation getragen. Er ist damit zum Symbol einer internationalistischen Modernisierungsidee geworden ...«

Y. Karakasoglu-Aydin: »Kopftuch-Studentinnen« an deutschen Universitäten. In: Bielefeldt/Heitmeyer (Hg.): Politisierte Religion. Frankfurt/M. 1998

Schönheitswettbewerb in einer türkischen Diskothek, Berlin 1995

liminnen überall auf der Welt getragen. Die Entscheidung für das Kopftuch ist kein Ergebnis von »Tradition«, sondern wird individuell getroffen und von jungen Frauen oft als emanzipativ begriffen.

Eine heterogene Gruppe

»Ich bin sehr dafür, insbesondere ausländischen Männern zuzumuten, zu akzeptieren, dass in dieser Gesellschaft Frauen und Männer gleichberechtigt sind. Wir alle wissen, dass das ein großes Spannungsfeld ist. Das geht schon in der Schule los, wo Kerle, selbst wenn sie erst zwölf sind, meinen, ihrer Schwester vorschreiben zu können, wohin sie sich bewegen darf.«

Die Ausländerbeauftragte Marieluise Beck in der *tageszeitung* vom 8.12.1998

Es soll hier aber nicht um die Bewertung des Kopftuchs gehen, sondern darum, zu zeigen, wie sehr dieses Kopftuch ein Ergebnis von (ungleichem) Austausch in der Bundesrepublik selbst ist. Offenbar bedienen die jungen Frauen äußerlich einen Blick, der in ihnen nur unterdrückte »Ausländerinnen« sehen will, während sie diesen gleichzeitig ad absurdum führen. Tatsächlich zeigen diese jungen Frauen, wie wenig der herrschende Multikulturalismus mit Differenzen umgehen kann, die sich jenseits von Döner und Trachten befinden.

Die Konzentration auf das Kopftuch und damit die angebliche Frauenfeindlichkeit in der islamischen Religion verengt den Blick auf die Heterogenität der jungen Frauen ausländischer Herkunft. Und selbst wenn man nur die Frauen türkischer Herkunft betrachtet, zeigt sich kein einheitliches Bild. Die Psychologin Berrin Özlem Otyakmaz hat in ihrer Untersuchung mit dem bedeutsamen Titel »Auf allen Stühlen« junge Frauen türkischer Herkunft befragt und herausgefunden, dass es überhaupt keinen »Kanon spezifisch türkischer Normen« gibt.

Zweifelsohne leiden viele der jungen Frauen unter dem Konservatismus ihrer Eltern, doch sie haben zahlreiche Wege gefunden, diesen zu unterlaufen. Viele fühlen sich von den Einheimischen überhaupt nicht verstanden: Sie glauben, die Einheimischen würden sie ständig zum »Problem« erklären. Deshalb bedeutet es für die Migrantinnen auch keine Unterstützung, wenn die Ausländerbeauftragte der rot-grünen Regierung, Marieluise Beck, in einem Interview kurz nach Amtsantritt die »ausländischen« Männer ermahnt, ihre Frauen nach hiesigen Gleichberechtigungsstandards zu behandeln.

Solche Aussagen dienen in erster Linie dazu, durch Projektionen die eigene Identität zu stärken. Indem man den »Ausländern« unterstellt, sie hielten eine traditionelle Geschlechterordnung aufrecht, indem man das Phänomen des Fundamentalismus und der ethnisch motivierten Gewalt übertreibt und verallgemeinert, während man die eigene Verwicklung ausblendet, kann man spiegelverkehrt ein positives Selbstbild entwerfen: Je unvollkommener die Anderen gemacht werden, desto mehr kommen sich die Einheimischen perfekt modern, demokratisch, offen, multikulturell, gleichberechtigt etc. vor. Manchmal scheint es dabei, als würde heutzutage allein der Blick auf die Anderen die Einheit der Gemeinschaft garantieren. Denn »die Deutschen« sind heutzutage wohl so unterschiedlich wie nie zuvor. Insofern vermutet die Sozialwissenschaftlerin Nora Räthzel, »dass Bilder der Anderen für die Herstellung des gesellschaftlichen Zusammenhaltes umso wichtiger werden, je mehr die Gesellschaft in ›Stämme‹ zerfällt«. So wie das Leben in Deutschland Kultur und Identität der Migranten zutiefst geprägt haben, so lässt sich auch aus der Identität »der Deutschen« der Bezug auf »Ausländer« offenbar nicht mehr wegdenken.

»Durch diese literarische Arbeit sagen die Gastarbeiter praktisch, dass sie keine Vermittler und keine Regisseure brauchen, die zwanzig und mehr Jahre lang nichts sahen und auf einmal entdecken, dass es sich lohnt, so viel Mist wie möglich an den Tag zu fördern, damit die schon lange bekannten Tatsachen und ›Lösungsvorschläge‹ unter ihrem Namen patentiert werden. Dabei stellt man alsbald fest, dass die Erkenntnisse dieser ›Experten‹ über die Gastarbeiter primitiv und ihre Vorschläge zur ›Lösung‹ einfältig sind. Ihre ›kritische‹ Haltung entpuppt sich als erzreaktionär.«

Aus dem Manifest »Literatur der Betroffenheit« von Franco Biondi und Rafik Schami. In: Schaffernicht (Hg.): Zu Hause in der Fremde. Fischerhude 1981

Junge Frauen türkischer Herkunft werden gewöhnlich als unterdrückte Opfer der strengen islamischen Tradition gesehen. Doch dieses Bild entspricht nicht der weitaus vielfältigeren Realität. Es schmeichelt eher dem Selbstbild der Einheimischen.

Literatur und Filme von Migranten

In der deutschsprachigen Literatur waren die Migranten von Beginn an vertreten. Die ersten Werke stammen aus den sechziger Jahren. Damals wurde eine »Literatur der Betroffenheit« propagiert. Heute haben sich Themen und Formen vervielfältigt.

»Gastarbeiterdeutsch« und »Kanak Sprak«

Was nun jene Formen der Kultur betrifft, die primär nicht als ethnisch wahrgenommen werden wie Literatur oder Film, so sind Migranten hierzulande im europäischen Vergleich weniger präsent.

In der Literatur scheint es so, als sei es den Schriftstellern mit Migrationshintergrund nicht immer gelungen, die Erwartungen zu sprengen, die der Kulturbetrieb an sie herantrug. Als in den späten sechziger Jahren die linke Intelligenzija für einige Jahre den »Gastarbeiter« als Modell des rundum unterdrückten Proletariers entdeckte, entstand etwas zeitversetzt die so genannte »Gastarbeiterliteratur«, welche eine »Literatur der Betroffenheit« (Franco Biondi/Rafik Schami) zwischen ökonomischem Schicksal, Identitätsfragen und Heimatbezug vertrat. Dennoch verhält es sich hier ebenso wie beim HipHop, der in Jugendtreffs entstand: Die Texte, die etwa in der Reihe »Südwind gastarbeiterdeutsch« erschienen, waren erste Dokumente einer eigenständigen Artikulation und daher für das Selbstbewusstsein der Migranten wichtig. Ende der achtziger Jahre verschob sich im Rahmen der erwachten Begeisterung für den Multikulturalismus das

Kadri

Dreckarbeiter

Wir sind die Gastarbeiter
Ja, ja Ihr seid die Gastarbeiter
Wir werden Gastarbeiter genannt
Aber Gäste sind wir nicht!

Damit zeigt Ihr doch wieder
Wie gastfreundlich Ihr seid
Wir werden Gastarbeiter genannt
Aber Gäste sind wir nicht!

Wir lernen von Euch
Die Gäste zu behandeln
Wir sind nicht Gastarbeiter
Wir sind Dreckarbeiter!

Wir befreien Euch vom Dreck
Damit wir die Dreckigsten sind
Wir sind keine Gastarbeiter
Wir sind nur Dreckarbeiter!

Aus: Förderzentrum Jugend schreibt e.V. (Hg.): Täglich eine Reise von der Türkei nach Deutschland. Fischerhude, 1980

Interesse auf Autorinnen wie Emine Sevgi Özdamar. Für ihren Roman »Mutterzunge«, der wegen der Übertragungen türkischer Sprechweisen ins Deutsche gefeiert wurde, erhielt sie sogar den Ingeborg-Bachmann-Preis. In den späten Neunzigern sorgte dann vor allem Feridun Zaimoglu mit Büchern wie »Kanak Sprak« oder »Abschaum« für Furore, die auf von ihm literarisch bearbeiteten Interviews mit Jugendlichen türkischer Herkunft beruhten. Diese Texte werden von einer bisher nicht da gewesenen, selbstbewussten Lust an der Provokation, an der Aufkündigung des Konsenses getragen. Doch während Zaimoglu vehement die literarischen Produktionen der Vergangenheit ablehnt, haben seine Arbeitsweise und Themenstellung durchaus etwas mit der »Gastarbeiterliteratur« zu tun. Tatsächlich ähnelt der ganze Tonfall von »Kanak Sprak« etwa Dursun Akcams Textsammlung »Deutsches Heim – Glück allein« aus dem Jahre 1982. Zudem bedient der Autor in Artikeln und Auftritten mehr und mehr ein exotisierendes Bedürfnis nach metropolitaner Ghettoromantik – eben nach einer Kultur, die »erregend anders« *(Spiegel)* ist.

Interessante, doch wenig beachtete Entwicklungen zeigten sich schon früh bei der Satire von Autoren türkischer Herkunft. Sinasi Dikmen und Muhsin Omurca (die auch zusammen als »Knobi-Bonbon« auftraten),

»Wir werden nie ein Teil der deutschen und der türkischen Gesellschaft sein. Wir können höchstens Teil unserer eigenen Gesellschaft sein. Für uns ist nichts vorbereitet. Wir müssen um alles kämpfen, was wir haben wollen: um Aufenthalt, um Sprache, um Bildung, um Staatsbürgerschaft, um Anerkennung, um Respekt, um alles.«

Mihriban (Gemüseverkäuferin). In: Feridun Zaimoglu: Koppstoff. Hamburg 1998

links: Dursun Akçam: Deutsches Heim – Glück allein. Göttingen 1982

rechts: Feridun Zaimoglu: Kanak Sprak. Hamburg 1995

»In dem Moment, wo die VertreterInnen der neuen Generation ihr Dasein als Kanaken nicht nur stolz zugeben, sondern damit auch selbstironisch angeben, wird die Bemühung, bestimmte Trends in der Filmkunst der Bundesrepublik ›ethnisch‹ einzuordnen, völlig absurd.«

Tuncay Kulaoglu über das »deutsch-türkische Kino« in *Jungle World* vom 10.3.1999

Sedat Pamuk oder der gerade in letzter Zeit recht populäre Osman Engin sind alle noch selbst eingewandert und widmen sich einer indirekten literarischen Form, die sowohl im Auswanderungsland Türkei als auch hierzulande aufgrund der obrigkeitsstaatlichen Traditionen immer eine große Bedeutung hatte. Dabei spielen die Autoren geradezu virtuos mit Vorurteilen und konfrontieren das einheimische Publikum mit der Tatsache, dass die Abgrenzung von »dem Türken« mittlerweile ein Baustein von einheimischer Identitätsbildung geworden ist.

Explosion im Bereich Film

Ein großer Sprung nach vorn, was die Beteiligung von Personen nichtdeutscher Herkunft anbetrifft, hat sich vor allem 1998 auf dem Gebiet des Films ereignet. Mit Unterstützung der Redaktion »Kleines Fernsehspiel« des ZDF entstanden in einem Jahr die Filme »kurz und schmerzlos« von Fatih Akin, »Aprilkinder« von Yüksel Yavuz, »Dealer« von Thomas Arslan und »Ich Chef, Du Turnschuh« von Hussi Kutlucan. Zudem kam 1998 auch die im Berliner Transvestitenmilieu angesiedelte deutsch-türkische Koproduktion »Lola und Bilidikid« von Kutlug Ataman in die Kinos. Diese Filme unterscheiden sich in ihrem Selbstverständnis stark vom »Pflichtkino« (Deniz Göktürk) vorangegangener Jahre. Und während in Tevfik Basers »40 qm Deutschland« oder Hark Bohms »Yasemin« die von religiöser Tradition unterdrückte Frau türkischer Herkunft im Vordergrund stand, drehen sich die neuen Filme vornehmlich um die Subjektivität junger Männer in der »Überlebenssubkultur«.

Zumeist bevölkern diese jungen Männer alle möglichen Zwischenräume: Straßen, Parks, Hauseingänge, Hinterhöfe, Bars, Restaurants, Bordelle. Dabei besteht ihr Leben letztlich aus einem ständigen Kampf. Auf ihre je eigene Weise versuchen Konkurrenten, Nazis und Polizisten, die jungen Männer von ihrem Terrain zu vertreiben. Deutschland wirkt dabei oft wie ein Transit – es bietet nichts, weder die Aussicht auf irgendeine einiger-

Szene aus dem Film
»Lola und Bilidikid«

maßen erfüllende Arbeit noch auf »Heimat«. Die Darstellung dieses Kampfes auf die Spitze getrieben hat Hussi Kutlucan in »Ich Chef, Du Turnschuh« – einem schelmenhaften Film über die Erlebnisse eines armenischen Asylbewerbers (von ihm selbst gespielt). In Kutlucans Film wirkt Ethnizität – und das ist in den anderen Filmen in weniger extremer Form auch zu sehen – nur noch wie eine Kulisse oder wie eine strategische Spielmarke. Bereits in der ersten Szene, in der gezeigt wird, wie neue Asylbewerber eintreffen, während andere gerade zur Abschiebung in Busse verladen werden, rettet sich einer der »Schüblinge«, indem er sich aus einem Handtuch einen Turban bindet und sich zu den ankommenden Flüchtlingen aus Indien gesellt.

Allerdings zeigen fast alle Filme, dass angesichts der Qualität der Ausgrenzung in der Bundesrepublik die Kämpfe von den Migranten offenbar (noch) nicht gewonnen werden können. Am Ende steht immer eine Ausschließung: der Tod im schlimmsten Fall, das Gefängnis, die »Rückkehr«.

In den letzten Jahren hat sich vor allem im Film einiges getan. Regisseure wie Thomas Arslan oder Hussi Kutlucan entfernen sich vom »Pflichtkino«. In diesen Filmen wird oft ein Kampf um Räume inszeniert, den die Migranten jedoch immer noch verlieren.

Immer noch auf dem Bahnhof?

Noch immer versucht die Bundesrepublik selbst die Nachkommen der »Gastarbeiter« nicht in der deutschen Gesellschaft ankommen zu lassen. Anstatt dem Ruf nach Integration konsequent Taten folgen zu lassen, werden weiterhin »Fremde« produziert.

»Ich bin kein Gefangener der Geschichte. Nicht in ihr darf ich nach dem Sinn meines Schicksals suchen. In jedem Augenblick muss ich mich daran erinnern, dass der wahre Sprung darin besteht, die Erfindung in die Existenz einzuführen. In der Welt, in der ich fortschreite, erschaffe ich mich unaufhörlich.«

Frantz Fanon: Schwarze Haut, weiße Masken. Frankfurt/M. 1980

Zur gleichen Zeit, als die ersten italienischen »Gastarbeiter« aus Verona nach Deutschland kamen, begannen die zu Wohlstand gekommenen Deutschen zum ersten Mal in Urlaub zu reisen – nach Italien. Während also die Italiener auf Gleis 11 ausstiegen, um in der reichen Bundesrepublik Geld zu verdienen, bestiegen manche hiesigen Einwohner Züge nach Süden, um dort Geld auszugeben. So wurde der Bahnhof eine Drehscheibe für unerfüllte und unerfüllbare Wünsche, ein Knotenpunkt für die Verteilung von Reichtum und ein Ort des Transits für Menschen, die sich zwar immer wieder im Vorübergehen sahen, sich aber letztlich nicht begegneten. Im übertragenen Sinne ist der Bahnhof sicher bis heute ein Symbol für die deutsche Einwanderungsgesellschaft geblieben. Allerdings versucht die Bundesrepublik die Kinder der ersten »Gastarbeiter« immer noch auf dem Bahnhof festzuhalten, sie nie endgültig in der Gesellschaft ankommen zu lassen.

Insofern könnte man die drei beschriebenen Bereiche Wirtschaft, Recht und Kultur in ihrem Zusammenwirken als große Maschine zur Produktion von »Fremden« betrachten. In Deutschland wird institutionell weiterhin wenig getan, um eine Integration zu ermöglichen, während diese Integration gleichzeitig vorausgesetzt wird, um einen vollen Status als Bürger dieses Landes zu erhalten. Dabei erscheint das Ensemble der Institutionen den meisten offenbar so selbstverständlich, dass es nahezu unsichtbar wirkt.

Über Benachteiligung auf dem Arbeitsmarkt wird

außer im Ghetto der »Ausländerarbeit« kaum einmal gesprochen; über Rechte manchmal, aber so, als ginge es dabei insbesondere um die Probleme von »Ausländern« und nicht um die Grundfesten der demokratischen Gesellschaft. Meistens dreht sich die Diskussion um Kultur, um Identität. Um »unsere« Identität, um »deren« Identität, und selbst nach fünfzig Jahren Einwanderung wird das Trugbild der »Fremdheit« aufrechterhalten, als gebe es tatsächlich noch zwei getrennte Geschichten, eine von »uns« und eine von »denen«.

Zeitungsständer Internationale Presse, Bahnhofsbuchhandlung

Wenn Integration einmal mehr bedeuten soll, als das »Ausländerproblem« irgendwie unter Kontrolle zu bringen, dann müssten Konzepte ausgearbeitet werden, die auf wirtschaftliche, rechtliche und kulturelle Veränderungen zugleich drängen. Auf der Seite der Migranten erfordert dies freilich mehr Organisationen, die sich auf die Lage der Migranten in Deutschland insgesamt beziehen und nicht auf jene einzelner ethnischer Gruppen.

Kürzlich stellte sich der britische Kulturwissenschaftler Homi Bhabha die Frage, warum eigentlich heute, in der Postmoderne, wo doch alles ›Post-‹ sei, nicht auch einmal über »Post-Fremdheit« nachgedacht würde? Warum nicht einmal versuchen, die Schimäre von den »Fremden« zu überwinden? Denn erst das Ende der permanenten »Entfremdung« könnte Verschiedenheiten tatsächlich hervortreten lassen – und zwar solche, die mehr sind als Wiederholungen des Immergleichen.

Veränderungen müssen bei den Institutionen beginnen, die Ungleichheit erzeugen. Erst wenn eine Gesellschaft aufhört, Ungerechtigkeit in »Fremdheit« zu übersetzen, können sich Unterschiede aller Art entfalten.

Literatur

Bade, Klaus J. (Hg.): *Hilfsarbeiter – Wanderarbeiter – Gastarbeiter*. 2 Bände. Ostfildern 1984

Boos-Nünning, Ursula: *Quotierung und Gerechtigkeit*. Über die Verringerung der Diskriminierung von Jugendlichen ausländischer Herkunft beim Zugang in Ausbildung und Beruf. In: LAGA NRW (Hg.): Schwung für unsere Zukunft. Düsseldorf: Selbstverlag 1999.

Brubaker, Rogers: *Staatsbürger*. Deutschland und Frankreich im historischen Vergleich. Hamburg: Junius 1994

Dominik, Katja u.a. (Hg.): *Angeworben, eingewandert, abgeschoben*. Ein anderer Blick auf die Einwanderungsgesellschaft BRD. Münster: Westfälisches Dampfboot 1999

Eryilmaz, Aytac/Jamin, Mathilde (Hg.): *Fremde Heimat*. Eine Geschichte der Einwanderung aus der Türkei. Essen: Klartext 1998

Fassmann, H. / Münz, R. (Hg.): *Migration in Europa*. Frankfurt/M./New York: Campus 1996

Häußermann, H./Oswald, I. (Hg.): *Zuwanderung und Stadtentwicklung*. Opladen/Wiesbaden: Westdeutscher Verlag 1997 (Sonderheft 17 der Zeitschrift *Leviathan*)

Herbert, Ulrich: *Geschichte der Ausländerbeschäftigung in Deutschland 1880 bis 1980*. Saisonarbeiter – Zwangsarbeiter – Gastarbeiter. Bonn: J.H.W. Dietz 1986

Karakasoglu-Aydin, Yasemin: *»Kopftuch-Studentinnen« türkischer Herkunft an deutschen Universitäten.* Impliziter Islamismusvorwurf und Diskriminierungserfahrungen. In: Bielefeldt, H./Heitmeyer, W. (Hg.): Politisierte Religion. Frankfurt/M.: Suhrkamp 1998

Katsoulis, Haris: *Bürger zweiter Klasse*. Frankfurt/M./New York: Campus 1978

Lajos, K. (Hg.): *Die zweite und dritte Ausländergeneration*. Opladen: Westdeutscher Verlag 1991

Mecheril, Paul / Teo, T. (Hg.): *Andere Deutsche*. Zur Lebenssituation von Menschen multiethnischer und multikultureller Herkunft. Berlin: Dietz 1994.

Motte, J./Ohliger, R./Oswald A. v. (Hg.): *50 Jahre Bundesrepublik – 50 Jahre Einwanderung*. Frankfurt /M. / New York: Campus 1999

Otyakmaz, Berrin Özlem: *Auf allen Stühlen*. Das Selbstverständnis junger türkischer Migrantinnen in Deutschland. Köln: ISP 1995

Seidel-Pielen, Eberhard: *Aufgespießt*. Wie der Döner über die Deutschen kam. Hamburg: Rotbuch 1996

Sengenberger, Werner: *Struktur und Funktionsweise von Arbeitsmärkten*. Die BRD im internationalen Vergleich. Frankfurt /M. / New York: Campus 1987

Tsiakalos, Giorgios: *Ausländerfeindlichkeit*. München: C.H. Beck 1983

Yildiz, Erol: *Die halbierte Gesellschaft der Postmoderne*. Probleme des Minderheitendiskurses unter Berücksichtigung alternativer Ansätze in den Niederlanden. Opladen: Westdeutscher Verlag 1997

Adressen

Bundesweit

Beauftragte der Bundesregierung für Ausländerfragen
10017 Berlin
Fon: 030-2007-23 07
Fax: 030-2007-27 82

Postfach 140280
53107 Bonn
Fon: 02 28-527-23 07/-27 58
Fax: 02 28-527-27 60

Interkultureller Rat
Riedstr. 2
64295 Darmstadt
Fon: 0 61 51-33 99 71
Fax: 0 61 51-36 70 03

VIA – Verband der Initiativgruppen in der Ausländerarbeit
Bundesgeschäftsstelle
Hochemmericher Str. 71
47226 Duisburg
Fon: 0 20 65-5 33 46
Fax: 0 20 65-5 35 61
eMail: via-bund@t-online.de

BAGIV – Bundesarbeitsgemeinschaft der Immigrantenverbände in der Bundesrepublik Deutschland
Baumschulalle 2a
53115 Bonn
Fon: 02 28-22 46 10
Fax: 02 28-26 52 55

Kanak Attak
Postlagernd
60441 Frankfurt
eMail: kanakattak@navigate.org
home: www.navigate.org/kanakattak

Immigrün – Bündnis der neuen InländerInnen
Gartenstr. 23
71638 Ludwigsburg
Fon: 0 71 41-92 22 02
Fax: 0 71 41-92 22 02
eMail: immigruen@t-online.de
home: www.immigruen.de

The Voice – Africa-Forum
Schillergässchen 5
07745 Jena
Fon: 0 36 41-66 52 14/44 93 04
Fax: 0 36 41-42 37 95/42 02 70
eMail: the_voice_jena@gmx.de

D.I.R. – Dokumentations- und Informationszentrum für Rassismusforschung
Postfach 1221
35002 Marburg
Fon: 0 64 21-3 77 22
Fax: 0 64 21-3 77 94
home: www.uni-marburg.de/dir
Datenbank: www.infolinks.de/dir-ml

Nordrhein-Westfalen:

Landeszentrum für Zuwanderung
Kelderstr. 6
42697 Solingen
Fon: 02 12-23 23 90
Fax: 02 12-232 39 18
home: www.lzz-nrw.de

IDA – Informations-, Dokumentations- und Aktionszentrum gegen Ausländerfeindlichkeit und für eine multikulturelle Zukunft
Friedrichstr. 61a
40217 Düsseldorf
Fon: 02 11-37 10 25
Fax: 02 11-37 10 25
eMail: ida@t-online.de
home: www.home.t-online.de/home/ideev

ARIC-NRW – Anti-Rassismus-Informations-Centrum NRW
Niederstr. 5
47051 Duisburg
Fon: 02 03-28 48 73
Fax: 02 03-28 48 73
eMail: aricnrw@cww.de
home: www.aric.de

Bei dieser Adressenliste ist zu beachten, dass der größte Teil der vielen Organisationen, die im weitesten Sinne mit Einwanderung befasst sind, auf regionaler und kommunaler Ebene zu finden sind.

Programm 2000

Frühjahr
Jost Müller: **Sozialismus**
Martin Büsser: **Popmusik**
Henning Schmidt-Semisch / Frank Nolte: **Drogen**
Mark Terkessidis: **Migranten**
Katja Leyrer: **Sexualität**
Ralf Strobach: **EXPO 2000**

Herbst
Boris Gröndahl: **Hacker**
Sabine Riewenherm: **Gentechnologie**
Otto Diederichs: **Polizei**
Vanessa Redak: **Börse**
Martin Krauß: **Doping**
Thomas Seibert: **Existenzialismus**

Bildnachweise:

S. 7, 93 M.H.; S. 11 Ullstein Bilderdienst; S. 14 aus: Ulrich Herbert, *Geschichte der Ausländerbeschäftigung*. J.H.W. Dietz, Bonn 1986; S. 17, 18, 20, 27 Selahattin Kaya/ DoMit; S. 43, 49, 75, 76 DoMit, Essen; S. 52 Nuri Musluoglu/DoMit; S. 71 Cahit T./ DoMit; S. 19, 23, 57, 63 aus: *Fremde Heimat. Eine Geschichte der Einwanderung*. Klartext Verlag, Essen 1998; S. 24, 41, 44, 51 aus: *Die in der Fremde arbeiten*. Trikont, Duisburg 1983; S. 35 aus: *hoch die Kampf dem. 20 Jahre Plakate autonomer Bewegungen*. VLA/Schwarze Risse Verlag, Hamburg/Berlin 1999; S. 32, 39, 46, 65, 69, 72 Erika Sulzer-Kleinemeier; S. 59, 79 Til Mette; S. 62 Bundesbildstelle; S. 84, 86 *version* Köln; S. 91 zero film; sowie Bilder aus dem Archiv des Autors und des Herausgebers.

Leider konnten nicht immer die Rechteinhaber ermittelt werden.
In diesen Fällen sind Autor und Verlag dankbar für Hinweise.
Berechtigte Ansprüche werden im Rahmen des Üblichen abgegolten.

Die Deutsche Bibliothek – CIP-Einheitsaufnahme

Ein Titeldatensatz für diese Publikation ist bei
der Deutschen Bibliothek erhältlich

Umschlag- und Reihengestaltung: +malsy, Bremen
Herstellung: Das Herstellungsbüro, Hamburg
Druck und Bindung: Fuldaer Verlagsanstalt

Printed in Germany
ISBN 3-434-53504-7